Susi Schneider

Mein Hüttenkochbuch

rosenheimer

Inhalt

Kartoffelgulasch ist ein beliebtes Hüttenessen – das Rezept dazu befindet sich auf Seite 85.

Vorwort

„Auf der Alm, da gibt's koa Sünd", heißt es in einem alten Spruch, aber gilt das auch für die kulinarischen Genüsse auf den Bergen? In meinem Hüttenkochbuch möchte ich zeigen, wie die Berge schmecken können, mit einer Palette internationaler Gerichte, alle gut zum Vorbereiten und nicht nur hüttentauglich.

Wir, Susi Schneider und Wolfgang Wagner, haben zehn Jahre lang eine Alpenvereins-Schutzhütte in Tirol bewirtschaftet. Diese Hütte gehörte zu dem 1999 gestarteten Pilotprojekt „Direktvermarktung landwirtschaftlicher Produkte auf Alpenvereins-Hütten". Die Hütte wurde bald zu einem Treffpunkt für Feinschmecker und belegte beim Hüttentest 2006 den 1. Platz. Im Jahr 2010 haben wir die Bewirtschaftung der Hütte aufgegeben und sind ins Tal zurückgegangen. In dieser Zeit kam mir der Gedanke, die auf der Hütte bereits erprobten Gerichte in einem Kochbuch zu veröffentlichen.

Zur Auflockerung hat mein Vater, der bekannte bayrische Autor Herbert Schneider, literarische Verse beigesteuert.

Als besonderes Schmankerl haben sich einige Hüttenwirte bereit erklärt, ihre besten Rezepte zu verraten. So ist eine bunte Mischung aus den Ländern Deutschland, Österreich und Südtirol zusammengekommen. Ich möchte allen Hüttenwirten und -wirtinnen für ihre Mithilfe danken. Ein herzliches Dankeschön auch an Stefanie Hager, die einige leckere Ideen für Getränke zu diesem Buch beigesteuert hat. Bei ihren geführten Kräuterwanderungen gibt sie gerne das Wissen über die heimische Flora weiter.

Ein großer Dank geht an die Alpenvereine der drei Länder und besonders an Ruth Schedlbauer für das nachfolgende Geleitwort.

Viel Freude beim Lesen und Nachkochen. Lasst es euch schmecken – im Tal und erst recht auf der Höh.

Susi Schneider

So schmecken die Berge

Wanderer und Bergsteiger sind Genussmenschen. Auch auf Tour mögen sie gesundes Essen aus regionaler Produktion. Die Hüttenwirte, die an der Kampagne „So schmecken die Berge" teilnehmen, erfüllen diesen Wunsch gerne. Sie bereiten regionale Schmankerl mit viel Liebe und Sorgfalt zu.

Was haben Sie als Hüttengast davon?

- gesunde, hochwertige, schmackhafte Speisen und Getränke
- regionale Produkte und Spezialitäten
- saisonal wechselnder Speiseplan

Was sind die Ziele der Kampagne?

- Erhaltung der bergbäuerlich geprägten alpinen Kulturlandschaft
- Förderung der regionalen und alpinen Wirtschaft
- schonender Umgang mit Ressourcen und Energie

Unter dem Motto „So schmecken die Berge" bieten übrigens immer mehr Hütten von DAV, OeAV und AVS regionale Speisen und Getränke an. Die teilnehmenden Hüttenwirte haben sich verpflichtet, mindestens ein Fleischgericht, ein vegetarisches Gericht sowie ein alkoholfreies und ein alkoholisches Getränk aus heimischer Erzeugung in ihre Speisekarten aufzunehmen.

Wie finden Sie eine „So schmecken die Berge"-Hütte? Das Kuh-Symbol zeigt Ihnen bei der Tourenplanung mit der DAV-Hüttensuche unter www.alpenverein.de und auch vor Ort auf der Hütte, dass sich die Pächter den Qualitätskriterien von „So schmecken die Berge" verpflichtet haben.

Sie haben Appetit auf regionale, hochwertige und schmackhafte Speisen und Getränke? Besuchen Sie eine Alpenvereinshütte mit dem Kuh-Symbol!

Ruth Schedlbauer
Presse- und Öffentlichkeitsarbeit Deutscher Alpenverein e. V.

SUPPEN UND EINTÖPFE

Ob als Vorspeise oder Hauptmahlzeit, die hier vorgestellten Suppen schmecken herrlich und sind schnell zubereitet. Als Beispiel hier ein Linseneintopf. Das Rezept finden Sie auf Seite 25.

Fleischbrühe von Rind und Huhn

Zutaten

1 kg Rinderwade

1 kg Rinderknochen

1 Zwiebel

1 TL Öl

2 Knoblauchzehen

1 Lauchstange

frische Petersilienstängel,

6 Liebstöckelblätter, 3 Lorbeerblätter

1 Stück Ingwer (geschält)

1 TL Pfefferkörner,

1 TL Korianderkörner,

1 TL Wacholderbeeren

2 Sternanis,

1 Stängel Zitronengras

Salz

1 Sellerieknolle

5 Karotten

Fleisch und Knochen blanchieren, abgießen, mit 5 l kaltem Wasser erneut aufsetzen und zum Kochen bringen. Die ungeschälte Zwiebel halbieren und in Öl anbraten, bis die Schnittflächen braun sind.

Den Knoblauch halbieren und zusammen mit den angebratenen Zwiebelhälften und der Lauchstange zum Fleisch geben. Außerdem Petersilie, Liebstöckelblätter, Lorbeerblätter, Ingwer, Pfefferkörner, Korianderkörner, Wacholderbeeren, Sternanis und Zitronengras hinzufügen. Nach dem Aufkochen abschäumen, salzen und ca. 1 ½ Stunden köcheln lassen. Dann die Sellerieknolle und die Karotten putzen, schälen und im Ganzen dazugeben. Erneut ca. 1 Stunde köcheln lassen.

Die Brühe durch ein feines Sieb gießen, das Gemüse als Einlage klein schneiden, das Fleisch nach Belieben weiterverwenden (Tellerfleisch, Rindfleischsalat, Gröstl oder als Einlage).

Für die Hühnerbrühe gilt die gleiche Zubereitungsweise mit 1 Suppenhuhn.

Gemüsebrühe

Zutaten

2 Zwiebeln

6 Karotten

1 Sellerieknolle

1 Lauchstange

1 Fenchelknolle

2 EL Öl

3 Knoblauchzehen

1 Stück Ingwer

2 Stängel Zitronengras

Petersilie, Liebstöckel, 2 Lorbeerblätter, 10 Pfefferkörner, Wacholderbeeren, Salz

Zwiebeln, Karotten, Sellerieknolle, Lauch und Fenchel in grobe Stücke schneiden. Das Öl in einem Topf erhitzen und das geschnittene Gemüse darin kurz anschwitzen. Mit 5 l Wasser auffüllen. Knoblauch, Ingwer und Zitronengras halbieren und mit den übrigen Gewürzen dazugeben.

Die Gemüsebrühe ca. 2 Stunden köcheln lassen, danach das Gemüse abseihen.

A Menge Suppn

A Menge Wassa
und a Menge Soiz,
a Menge Schmoiz,
a Menge Pedasui
und a Menge Fadennudl
von da Ladnbudl,
schee brav z'sammakocha
mit a Menge Knocha,

a gewisse Menge Zeit
gibt a Menge Suppn
für a Menge Gruppn,
habt's die Mengenlehre
jetzt begriffa,
liabe Leit?

Speckknödelsuppe

Zutaten

300 g Knödelbrot
Salz, Pfeffer, Muskatnuss, Majoran
Petersilie, Schnittlauch
3 EL Mehl
100 g durchwachsener Speck
1 Zwiebel
250 ml Milch
2–3 Eier
1 ½ l Fleischbrühe
(Rezept siehe Seite 10)

Das Knödelbrot mit Salz, Pfeffer, Muskatnuss, Majoran, Petersilie und Schnittlauch würzen, das Mehl dazugeben. Den Speck würfeln, und die Zwiebel fein hacken. Beides in einer Pfanne anbraten, dann mit der Milch aufgießen und erwärmen, bis die Milch lauwarm ist. Die Mischung über das Knödelbrot gießen. Eier dazugeben, und alles gut durchkneten.

Aus der Masse mit nassen Händen 8 Knödel formen. In einem großen Topf so viel Salzwasser erhitzen, dass die Knödel darin „schwimmen" können. Die Knödel in das siedende Wasser geben und ca. 15 Minuten gar ziehen lassen.

Die Fleischbrühe bei hoher Temperatur erwärmen. Die fertigen Speckknödel mit einer Schaumkelle aus dem Wasser nehmen, gut abtropfen lassen und in die Fleischbrühe geben.

Gerstlsuppe

Zutaten
100 g durchwachsener Speck
1 Zwiebel
2 EL Öl
100 g Rollgerste
200 g Selchfleisch
2 Karotten
1 Lauchstange
2 kleine Selleriestangen
Salz, Pfeffer

Speck und Zwiebel würfeln. Das Öl in einem großen Topf erhitzen, die Speck- und Zwiebelwürfel darin andünsten. Die Gerste dazugeben und den Topf mit 2 l Wasser auffüllen. Das Selchfleisch beifügen, alles für ca. 2 Stunden bei mittlerer Temperatur weich kochen.

Karotten, Lauch und Sellerie putzen, waschen und klein schneiden. Die letzten 20 Minuten das klein geschnittene Gemüse mitkochen lassen. Das Selchfleisch herausnehmen, in kleine Stücke schneiden und wieder in die Suppe geben.
Mit Salz und Pfeffer abschmecken.

Graukäsesuppe

Zutaten

2 Kartoffeln
1 Zwiebel
50 g Butter
1 l Fleischbrühe
(Rezept siehe Seite 10)
200 g Graukäse
250 g Sahne
Salz, Pfeffer, Muskatnuss
2 Scheiben Schwarzbrot
1 EL Butter

Geschälte Kartoffeln und Zwiebel grob schneiden. Die Butter in einem Topf zerlassen, und die Kartoffel- und Zwiebelstücke darin andünsten. Mit der Fleischbrühe auffüllen, den Graukäse in Stücke schneiden und dazugeben. Die Suppe etwa 25–30 Minuten kochen, bis die Kartoffeln weich sind. Dann die Sahne beigeben, die Suppe mit dem Pürierstab mixen und aufkochen lassen. Abschließend mit Salz, Pfeffer und Muskatnuss würzen.

Das Schwarzbrot würfeln. In einer Pfanne Butter erhitzen und die Schwarzbrotwürfel darin bei hoher Temperatur kurz rösten.

Die Suppe mit den gerösteten Schwarzbrotwürfeln servieren.

In da Klausn

Hint in da Erzherzog-Johann-Klausn
gibt's an guatn Südtirola.
Am Stadl hibei
glanzt schwarz da Holla.

Da Bach plauscht auffi.
Drin stehnga d' Fisch.
D' Vierenachmittagssonna
liegt warm auf de Tisch.

A Katz spuit Fangstal
mit herbstrote Blaadl.
Da Musklkoda vom Schinda
ziagt langsam in d' Wadl.

Naa, koa Viertl mehr,
Sepp,
sunst kriag i Zuständ'
zruck in d' Valepp.

Krenfleisch-Hütteneintopf

Zutaten

4 Karotten

1 kleine Sellerieknolle

2 Kohlrabi

1 Lauchstange

ca. 1 kg Rindernacken (ausgelöst)

2–3 Lorbeerblätter, Piment

1 Petersilienwurzel

Salz

Kren (Meerrettich)

Petersilie

Die Hälfte des Gemüses in grobe Stücke schneiden. Das geschnittene Gemüse mit dem Fleisch, Lorbeer, Piment, Petersilienwurzel und Salz in einen Topf geben und mit Wasser auffüllen, bis alles bedeckt ist. Bei mittlerer Temperatur 2½–3 Stunden schön weich kochen. Anschließend die entstandene Brühe abseihen.

Die übrigen Karotten, Sellerie, Kohlrabi und Lauch in Streifen schneiden und in der abgeseihten Brühe ca. 20 Minuten bissfest garen.

Das gekochte Rindfleisch in Scheiben schneiden, mit den Gemüsestreifen belegen. Kren reiben und auf Fleisch und Gemüse verteilen. Als Beilage eignen sich Salzkartoffeln und Semmelknödel. Das Gericht abschließend mit etwas Brühe übergießen.

Alles mit frischer Petersilie bestreuen. In einer extra Schale noch frisch geriebenen Kren reichen.

Oberlandhütte (1.014 m)
Uwe Springer
Falkensteinweg 35
A-6365 Kirchberg in Tirol

Tel. Hütte: +43 5357 8113
www.oberlandhuette-aschau.at
E-Mail: oberlandhuette@aon.at

Betriebszeiten: Ganzjährig geöffnet

Anfahrt: Die Oberlandhütte ist am Ortsrand von Aschau (Gemeinde Kirchberg in Tirol) inmitten der Kitzbüheler Alpen sehr ruhig gelegen. Mit dem Auto erreicht man die Hütte bequem das ganze Jahr über. Es werden eigene Parkmöglichkeiten geboten.

Übernachtungsmöglichkeiten:
Die Oberlandhütte bietet 29 Zimmerlager, 36 Matratzenlager und 6 Zweibettzimmer.

Kartoffelsuppe

Zutaten

2 Zwiebeln

2 Scheiben Ingwer (geschält)

2 Karotten

½ Sellerieknolle

1 Lauchstange

50 g Butter

1 kg Kartoffeln

Salz, Pfeffer, Muskatnuss, Majoran,

Kreuzkümmel

500 ml Fleischbrühe

(Rezept siehe Seite 10)

500 ml Milch

250 g Sahne

Einlage

200 g geräucherter Fisch oder

1 Paar Würstel pro Person

Zwiebeln, Ingwer, Karotten, Sellerie in kleine Würfel, den Lauch in feine Ringe schneiden. Die Butter in einem Topf zerlassen und das kleingeschnittene Gemüse darin anbraten. Die Kartoffeln schälen, würfeln und dazugeben. Mit Salz, Pfeffer, Muskatnuss, Majoran und Kreuzkümmel würzen. Anschließend mit der Fleischbrühe, Milch und Sahne aufgießen und ca. 1 Stunde zugedeckt bei mittlerer Hitze köcheln, bis alles weich ist. Zuletzt wird die Suppe mit dem Pürierstab gut durchgemixt.

Tipp: Als Einlage eignen sich Würstel oder geräucherter Fisch.

Die Kartoffelsuppe ist auch für Vegetarier ein wunderbares Essen. Dazu die Fleischbrühe durch Gemüsebrühe (Rezept siehe Seite 11) ersetzen.

Pommes frites

Wer Pommes frites für seine Leibspeis hoit,
is wahrscheinlich in a koitn Küch aufgwachsn.

Borschtsch (russischer Wurzeleintopf)

Zutaten
2 Rote Rüben
2–3 Karotten
1 Sellerie
1 Lauchstange
½ Kopf Weißkraut
2 Zwiebeln
1 Ochsenwade
Pfefferkörner, 3 Lorbeerblätter
1 TL Korianderkörner
1 TL Wacholderbeeren
2 Sternanis
1 Stängel Zitronengras
Petersilie
6 Blätter Liebstöckel
1 EL Dill
125 ml Essig
2 Entenbrüste
2 EL Öl
Salz, Pfeffer, Ingwerpulver,
1 EL Paprikapulver edelsüß oder
scharf, Dill, Kümmel, Majoran
gemischter Piment
1 EL saure Sahne

Rote Rüben, Karotten, Sellerie, Lauch, Weißkraut und Zwiebeln putzen und schälen. Die Schalen für die spätere Verwendung aufheben, das Gemüse beiseitelegen.

Das Ochsenfleisch mit den Gemüseschalen in einen großen Topf geben und mit 2 l Wasser übergießen. Mit Pfefferkörnern, Lorbeerblättern, Korianderkörnern, Wacholderbeeren, Sternanis, Zitronengras, Petersilie und Liebstöckel würzen. Mit Dill und Essig abschmecken. Ca. 2 Stunden kochen, bis das Fleisch gar ist. Danach die Brühe durch ein feines Sieb gießen. Das Fleisch klein schneiden.

Rote Rüben, Karotten, Sellerie, Lauch, Weißkraut und Zwiebeln in ca. 1 cm große Würfel schneiden. In einer Pfanne 1 EL Öl erhitzen, die Gemüsewürfel darin anbraten. Mit 1 Liter der Fleischbrühe aufgießen und ca. 20 Minuten kochen, bis das Gemüse bissfest ist. Das kleingeschnittene Fleisch dazugeben. Anschließend den Rest der Brühe darübergießen.
Das Entenfleisch in Stücke schneiden. In einer Pfanne 1 EL Öl erhitzen und das Entenfleisch bei mittlerer Hitze 10 Minuten darin braten, bis es durch ist. Dabei ab und zu wenden. Das Entenfleisch in den Eintopf geben, alles 30 Minuten lang gut durchziehen lassen und mit Salz, Pfeffer, Ingwerpulver, Paprikapulver, Dill, Kümmel, Majoran und gemischtem Piment abschmecken.

Den Eintopf in Schalen füllen, mit einem Löffel saurer Sahne garnieren, mit Dill bestreuen und servieren.

Wildgulaschsuppe

Zutaten

80 g durchwachsener Speck

3 EL Schmalz

500 g Wildfleisch (Hirsch oder Reh)

2 große Zwiebeln

½ Sellerieknolle

2 Karotten

1 Lauchstange

2 EL Tomatenmark

250 ml Rotwein

Salz, Pfeffer aus der Mühle, einige Pfefferkörner

3 Lorbeerblätter, 2 Gewürznelken, 5 Wacholderbeeren, Basilikum

250 g Schwammerl

125 ml Madeira

Den Speck würfeln. 1 EL Schmalz in einem Topf zerlassen und die Speckwürfel darin ausbraten. Das Fleisch in mundgerechte Stücke schneiden, hinzugeben und von allen Seiten gut anbraten. Die Zwiebeln in Ringe schneiden und mitbräunen.

Inzwischen Sellerie, Karotten und Lauch klein schneiden, mit 2 EL Schmalz in einer eigenen Pfanne ca. 10 Minuten andünsten und dann zum Fleisch geben. Das Tomatenmark untermischen und alles mit 250 ml Wasser sowie dem Rotwein aufgießen. Alles mit Salz, Pfeffer, Pfefferkörnern, den Lorbeerblättern, Gewürznelken, Wacholderbeeren und Basilikum würzen und ca. 30 Minuten köcheln lassen.

Zuletzt die Schwammerl putzen, in kleine Stücke schneiden und in die Suppe geben. Mit Madeira abschmecken.

Als Beilage gibt es frisches Bauernbrot.

Sommernacht am Berg

*In da Hüttn am Kampn
brennt d' Petroleumlampn.
Aus de Almgrund vo weitn
hörst d' Kuahglockn leitn.*

*Is 's so friedli und staad,
kaam da Wind, dass a waaht.*

*Da foit dunkl vom Grund
a Schuss in de Stund.*

*Muass a Rehböckei sterm
und obn leichtn d' Stern.
In da Hüttn am Kampn
valöscht d' Petroleumlampn.*

Linseneintopf

Zutaten

2 große Zwiebeln

2 Knoblauchzehen

2 Karotten

5 mittlere Kartoffeln

½ Sellerieknolle

2 EL Butterschmalz

150 g durchwachsener Speck

2 EL Tomatenmark

1 EL gelbe oder grüne Currypaste

300 g Linsen (über Nacht in Wasser einweichen)

Koriander, Kümmel, Kreuzkümmel

Salz, Pfeffer

3 Lorbeerblätter

1 TL Curry, 1TL Ingwerpulver

125 ml weißer oder roter Balsamicoessig

Einlage

1 Paar Würstel pro Person

Die Zwiebeln und den Knoblauch würfeln. Karotten, Kartoffeln und Sellerie schälen und klein schneiden. Das Butterschmalz in einem Topf erhitzen und Zwiebeln, Knoblauch und das Gemüse darin anbraten. Den Speck würfeln und zusammen mit dem Tomatenmark und der Currypaste beigeben, kurz mitschwitzen. Anschließend die Linsen mit dem Einweichwasser hinzufügen und, wenn nötig, mit Wasser aufgießen, bis alles bedeckt ist. Das Ganze zum Kochen bringen und immer wieder abschäumen.

Mit Koriander, Kümmel, Kreuzkümmel, Salz, Pfeffer, den Lorbeerblättern, Curry und Ingwerpulver würzen und bei mittlerer Temperatur ca. 2 Stunden köcheln lassen, bis die Linsen weich sind und die Suppe sämig wird. Zum Schluss mit dem Balsamicoessig abschmecken.

Normalerweise gab es bei uns Wiener Würstel oder Debreziner in die Suppe hineingeschnitten dazu.

Kichererbseneintopf

Zutaten

300 g Kichererbsen (über Nacht in Wasser einweichen)

½ Sellerieknolle

3 Karotten

1 Lauchstange

4 EL Öl

3 Knoblauchzehen

1 Stück Ingwer (geschält)

Salz, Pfeffer, 1 EL Paprika edelsüß

Kreuzkümmel, Koriandersamen

1 Prise Zimt

2–3 Lorbeerblätter

500 g Schweinefleisch

1 spanische Paprikawurst pro Person

Sellerie, Karotten und Lauch in ca. 1 cm große Würfel schneiden. 2 EL Öl in einem Topf erhitzen und das Gemüse darin anbraten. Knoblauch und Ingwer klein schneiden und dazugeben. Die Kichererbsen samt Einweichwasser untermengen. Mit Salz, Pfeffer, Paprika, Kreuzkümmel, Koriandersamen, Zimt und den Lorbeerblättern würzen. Alles sollte gut mit Flüssigkeit bedeckt sein – eventuell mit Wasser auffüllen. Aufkochen lassen und immer wieder abschäumen. Die Suppe etwa 1½ Stunden köcheln lassen.

Das Schweinefleisch in mundgerechte Stücke schneiden und in heißem Öl anbraten. Zu den Kichererbsen geben und etwa eine halbe Stunde fertiggaren. Pro Person eine spanische Paprikawurst in Scheiben schneiden und am Schluss dazugeben.

Der Eintopf sollte schön sämig sein.

Auf gleiche Weise haben wir auf der Hütte auch den Bohneneintopf zubereitet – angelehnt an das französische Cassoulet.

Erbseneintopf

Zutaten

300 g Erbsen (über Nacht in
Wasser einweichen)
2 große Zwiebeln
2 Knoblauchzehen
150 g durchwachsener Speck
2 Karotten
5 mittelgroße Kartoffeln
½ Sellerieknolle
2 EL Butterschmalz
2 EL Tomatenmark
Koriander, Kümmel, Kreuzkümmel
Salz, Pfeffer
3 Lorbeerblätter
1 TL Ingwerpulver

Einlage

1 Paar Würstel pro Person

Der Erbseneintopf wird ähnlich zubereitet wie der Linseneintopf (siehe Rezept Seite 25).
Für den Erbseneintopf 300 g Erbsen über Nacht in Wasser einweichen.

Die Zwiebeln, den Knoblauch und den Speck würfeln. Karotten, Kartoffeln und Sellerie klein schneiden. Das Butterschmalz in einem Topf erhitzen und Zwiebeln, Knoblauch und das Gemüse darin anbraten. Den Speck zusammen mit dem Tomatenmark beigeben, kurz mitschwitzen.
Anschließend die Erbsen mit dem Einweichwasser hinzufügen und, wenn nötig, mit Wasser aufgießen, bis alles bedeckt ist. Zum Kochen bringen, mehrmals abschäumen und bei mittlerer Temperatur ca. 2 Stunden köcheln lassen.

Mit Koriander, Kümmel, Kreuzkümmel, Salz, Pfeffer, den Lorbeerblättern und Ingwerpulver würzen. Je nach Belieben kann der Erbseneintopf am Schluss püriert werden.

Wie beim Linseneintopf eignen sich Debreziner oder Wiener Würstel sehr gut als Einlage.

Des is da Gipfe

A Erbsensupperl mit a Paar dünne Würschtl um 8 Euro Fufzge.
Des is koa Almwirtschaft mehr, des is scho da Gipfe.

Grüner Bohnentopf mit Semmelknödel

Zutaten
2 Zwiebeln
2 EL Olivenöl
800 g grüne Bohnen
Bohnenkraut, Muskatnuss
Thymian
Salz, Pfeffer
250 ml Fleisch- oder Gemüsebrühe
(Rezepte siehe Seite 10/11)
500 g Sahne

Die Zwiebeln würfeln. In einem Topf das Olivenöl erhitzen und die Zwiebelwürfel darin andünsten. Die Bohnen dazugeben und mit Bohnenkraut, Muskatnuss, Thymian, Salz und Pfeffer würzen. Mit der Brühe angießen und die Bohnen 15–20 Minuten dünsten. Abschließend die Sahne zufügen.

Mit einem Semmelknödel (Zubereitung wie Speckknödel, Rezept siehe Seite 13, nur ohne Speck) serviert, ist dieses Gericht ein wunderbares Mittagessen.

Ratatouille

Zutaten

1 große Zwiebel
2 Zucchini
1 Aubergine
8 Champignons
3 Tomaten
1 Stück Ingwer
4 Knoblauchzehen
4 EL Olivenöl
Salz, Pfeffer
frische Gartenkräuter
(Rosmarin, Oregano, Thymian)
1 Schuss Rotwein nach Geschmack
200 g Schafskäse
Petersilie, Schnittlauch oder Basilikum zum Bestreuen

Das Gemüse in große Stücke, den Ingwer und den Knoblauch klein schneiden. Alles in Olivenöl anbraten. Salz, Pfeffer und Kräuter dazugeben. Eventuell mit 1 Schuss Rotwein angießen und ca. 20 Minuten dünsten.

Die Ratatouille ist fertig, wenn das Gemüse bissfest ist. In Schalen füllen und mit gewürfeltem Schafskäse servieren.

Je nach Laune Petersilie, Schnittlauch oder Basilikum darüberstreuen.

DEFTIG SPEISEN

Der Klassiker unter den Hüttengerichten ist das
Tiroler Gröstl. Traditionell und einfach zubereitet.
Das Rezept finden Sie auf Seite 58.

Hüttenfrühstück

Zutaten

1 Zwiebel

2 EL Öl

4 Scheiben durchwachsener Speck

1 Tomate

4 Eier

4 Scheiben Bergkäse

Salz, Pfeffer

Petersilie

Die Zwiebel würfeln, das Öl in einer Pfanne erhitzen und die Zwiebel zusammen mit dem Speck anbraten. Die Tomate in Scheiben schneiden und dazugeben. Eier vorsichtig aufschlagen und nebeneinander hineingleiten lassen. Den Bergkäse in Streifen schneiden und auf die Eier legen.

Das Ganze mit Salz und Pfeffer würzen und bei geschlossenem Deckel etwa 5 Minuten bei mittlerer Hitze braten.

Zuletzt das Gericht mit Petersilie bestreuen.

Wildsulz

Zutaten

2 Karotten

½ Sellerieknolle

2 Zwiebeln

300 g Wildfleisch

500 ml Wildsuppe

Salz, Pfeffer

13 Blätter Gelatine

Schnittlauch, 3–4 Lorbeerblätter

3–4 Blätter Liebstöckel

1 EL Preiselbeeren

3 EL Walnussöl

1 EL Balsamicoessig

Karotten, Sellerieknolle und eine Zwiebel in Streifen schneiden. Das Fleisch klein schneiden. Die Wildsuppe in einen Topf füllen und das Gemüse mit dem Wildfleisch eine Stunde weich kochen. Anschließend alles mit Salz und Pfeffer würzen.

Die Gelatine in Wasser oder Fleischbrühe einweichen. Ausdrücken und in die Wildsuppe einrühren. Gut auskühlen lassen. Vor dem Stocken Schnittlauch, Lorbeerblätter und Liebstöckel dazugeben.

Eine Kastenform mit Klarsichtfolie auslegen. Die Sulz einfüllen und gleichmäßig verteilen, dann mehrere Stunden kalt stellen.

Aus der Form stürzen, in Scheiben schneiden und portionieren. 1 Zwiebel in feine Ringe schneiden und über der Sulz verteilen. Mit Preiselbeeren, Schnittlauch, etwas Walnussöl und Balsamicoessig servieren.

Ischlerhütte (1.365 m)
Herbert Silbermayr
A-4820 Bad Ischl
Tel. Hütte: +43 664 4877884
wilderjaga@aon.at

Betriebszeiten: Anfang Juni bis Ende September durchgehend; Mai und Oktober bei Schönwetter und Samstag, Sonntag sowie Feiertage

Aufstieg: Von Bad Ischl erreicht man mit dem Pkw die Rettenbachalm. Von dort gelangt man über den ausgeschilderten Weg zur Ischlerhütte – Gehzeit ca. 2 Stunden.

Übernachtungsmöglichkeiten: 16 Betten und 32 Schlafplätze im Matratzenlager

Bauernhendl auf Gemüsebett

Zutaten

1 Brathuhn

2 TL Paprikapulver edelsüß

2 TL Curry

1 TL gemahlener Koriander

4 Scheiben Ingwer (geschält)

2 Knoblauchzehen

2 große Karotten

1 kleinen Sellerie

2 kleine Stangen Lauch

1 große Zwiebel

4 Kartoffeln

2 Paprikaschoten

2 EL Olivenöl

5 Wacholderbeeren

4 Lorbeerblätter

2 EL Tomatenmark

Salz, Pfeffer

½ l Weißwein

½ l Fleischbrühe

(Rezept siehe Seite 10)

1 Bund Petersilie

Das Huhn in vier Stücke zerlegen, mit 1 TL Paprikapulver, 1 TL Curry, ½ TL Koriander, 2 Scheiben Ingwer sowie 1 zerdrückten Knoblauchzehe einreiben und 2 Stunden marinieren.

Inzwischen das gesamte Gemüse in gefällige Stücke schneiden. Den Backofen auf 180 °C vorheizen.

Am Ende der Marinierzeit das Olivenöl in einem Bräter erhitzen und das Gemüse darin anschwitzen.
1 Knoblauchzehe fein hacken und zusammen mit den Wacholderbeeren, Lorbeerblättern und dem Tomatenmark hinzufügen. Außerdem Salz, Pfeffer, 1 TL Paprikapulver, 1 TL Curry und ½ TL Koriander und 2 Scheiben Ingwer zugeben und alles anbräunen. Dann mit dem Weißwein und der Fleischbrühe ablöschen und vom Herd nehmen.

Die Hühnerteile auf das Gemüsebett legen und 1 Stunde im Ofen braten, bis die Haut schön braun ist. Das Huhn ab und zu mit dem Bratenfond begießen.

Zum Servieren mit frischer Petersilie bestreuen.

Beilagen können je nach Lust und Laune gewählt werden – es gibt im Grunde nichts, was nicht dazu passt.

Bergbauernbratl

Zutaten

5 mittelgroße Karotten

½ Sellerieknolle

1 Lauchstange

2 große Zwiebeln

3 Knoblauchzehen

2 EL Öl

1 TL Kümmel, 1 TL Koriander

500 ml dunkles Bier

1 kg Schweinebauch

1 EL grobes Salz

Pfeffer aus der Mühle

6 mittelgroße Kartoffeln

Den Backofen auf 130 °C vorheizen.

Karotten, Sellerieknolle, Lauch und Zwiebeln schälen und in 5 cm große Stücke schneiden. Die Knoblauchzehen fein hacken. Das geschnittene Gemüse mit Kümmel, Koriander sowie dem Knoblauch in einem Bräter ca. 10 Minuten in Öl anbraten. Das Gemüse herausnehmen und 250 ml Bier und Wasser in den Bräter gießen.

Den Schweinebauch gut mit Salz und Pfeffer einreiben und mit der Schwartenseite nach unten in die Flüssigkeit legen. Das Ganze für 1 Stunde in den Ofen schieben. Inzwischen die Kartoffeln halbieren. Nach einer Stunde das Fleisch aus dem Bräter nehmen, die Kartoffeln gemeinsam mit dem Gemüse in die Form geben. Das Fleisch mit der Schwartenseite nach oben auf das Gemüse legen. Die Schwarte einschneiden, das restliche Bier dazugeben und bei 160 °C ca. 45 Minuten zurück in den Ofen schieben.

Nach dieser Zeit eventuell noch einmal aufgießen. Die Temperatur auf 200 °C erhöhen und fertig braten, bis die Schwarte kracht.

Den Braten ein bisschen ruhen lassen – ca. 15 Minuten –, den Braten aufschneiden, mit Soße, Kartoffeln und Gemüse servieren.

Alpen Piccata Milanese

Zutaten

4 Putenfilets (je 150 g)
Grillgewürz
240 g Sauerteigbrot
(hart, vom Vortag)
40 g Mehl
4 Eier
4 EL Butterschmalz
4 große Tomaten
2 Knoblauchzehen
1 EL Öl
4 Karotten
½ Sellerieknolle
½ TL Oregano, Rosmarin
Salz
400 g Spaghetti
1 geh. EL geriebener Parmesan

Die Putenfilets auf beiden Seiten mit Grillgewürz einreiben und anschließend panieren. Dazu hartes Sauerteigbrot reiben. Sauerteigbrösel und Mehl in je eine Schüssel füllen. Die Eier in eine dritte Schüssel schlagen und verquirlen. Putenfilets in Mehl wenden, anschließend durch das Ei ziehen und zuletzt in den Sauerteigbröseln wenden.

Butterschmalz in einer Pfanne erhitzen und die panierten Putenfilets bei mittlerer Hitze auf beiden Seiten je 2–3 Minuten braten.

Für die Tomatensoße Tomaten würfeln und Knoblauch pressen. Olivenöl in einer Pfanne erhitzen und Tomaten mit dem Knoblauch anschwitzen. Karotten in Scheiben schneiden, Sellerieknolle würfeln und mit Oregano und Rosmarin zu den Tomaten geben. 1 Stunde einkochen und mit Salz abschmecken. Die Spaghetti in Salzwasser bissfest kochen und mit der Tomatensoße mischen. Die Putenfilets und die Spaghetti mit Parmesan garnieren.

Hinterbärenbad Anton-Karg-Haus (829 m)
Anita Kraisser
Kaisertal 2
A-6330 Kufstein
Tel. Hütte: +43 5372 62578
www.hinterbaerenbad.at

Betriebszeiten: Die Hütte ist von Anfang Mai bis Mitte Oktober durchgehend geöffnet.

Aufstieg: Der Normalweg führt von Kufstein/Sparchen durch das Kaisertal, mit einer Dauer von 2 Stunden. Alternativ gelangt man auf dem alten Kaisertalweg über die Antoniuska-

pelle in 2 ½ Stunden zum Anton-Karg-Haus. Eine andere Möglichkeit ist der dreistündige Weg von der Griesner Alm im Kaiserbachtal per Überschreitung des Stripsenjochs.

Besonderes: Das Haus befindet sich in ruhiger, eindrucksvoller Umgebung mit Blick auf den Wilden und den Zahmen Kaiser mitten im Naturschutzgebiet des Wilden Kaisers. Es ist auch für Tagesausflügler gut zu erreichen und daher insbesondere bei gutem Wetter ein beliebtes Ausflugsziel.

Schweinepfeffer

Zutaten

1 kg Schweinenacken

Salz, 10 zerdrückte Pfefferkörner

3 TL Schweineschmalz

2 große Zwiebeln

2 Knoblauchzehen

20 g Mehl

2 EL Tomatenmark

200 ml Rotwein

1 l Bratensaft

1 Petersilienwurzel

2 Lorbeerblätter, 1 Thymianzweig

2 EL gehackte Petersilie

20 kleine Champignons

ca. 20 Perlzwiebeln

Das Fleisch in Scheiben schneiden, salzen, pfeffern und in einer Pfanne mit 1 TL Schweineschmalz 5 Minuten auf jeder Seite anbraten.

Die Zwiebeln und den Knoblauch schälen und würfeln. In einem flachen Topf 1 TL Schmalz erhitzen und die Zwiebeln anschwitzen. Fleisch und Knoblauch zu den Zwiebeln geben, Mehl darüberstäuben und anbräunen. Das Tomatenmark einrühren, mit Rotwein ablösen und mit dem Bratensaft auffüllen. Aufkochen und bei mäßiger Temperatur zugedeckt ca. 40 Minuten garen. 10 Minuten vor Garzeitende Petersilienwurzel, Lorbeerblätter, Thymian und 1 EL Petersilie dazugeben.

Am Schluss die Champignons putzen und in 1 TL Schweineschmalz anbraten. Das fertige Gericht wird mit Perlzwiebeln und den Champignons angerichtet und mit Petersilie bestreut.

Die Beilagen können ganz nach persönlichem Geschmack gewählt werden.

Friggapfanderl

Zutaten
1 EL Öl
2 Zwiebeln
240 g Bauchspeck
200 g Gouda
Salz, Pfeffer
8 Eier
Petersilie

wahlweise:
4 Kartoffeln
4 Äpfel

Mei Schatz

*Mei Schatz is a Sennerin
und kocht mir a Muas,
sie sitzt auf 'n Pfannastui
und rührt um mit 'n Fuas.*

Frigga ist ein Gericht mit Speck und Käse, das früher eine Holzknechtkost war.

Die Zwiebeln fein hacken. Das Öl in einer Pfanne erhitzen und die Zwiebeln darin anschwitzen. Den Speck würfeln, dazugeben und mitrösten. Den Käse reiben und untermischen. Mit Salz und Pfeffer würzen.

Die Eier aufschlagen und dazugeben. Alles gut durchrühren, 2–3 Minuten rösten und mit Petersilie bestreuen. Vom Herd nehmen und mit Brot oder Polenta servieren.

Tipp: Sehr gut schmeckt dieses Gericht mit Kartoffeln oder Äpfeln: Kartoffeln oder Äpfel schälen, in Scheiben schneiden und mit dem Speck in die Pfanne geben.

E.-T.-Compton-Hütte (1.585 m)
Maria Taurer
A-9761 Bruggen
Tel. Hütte: +43 676 9218118
info@comptonhuette.at
Talort: Greifenburg-Weissensee oder Berg

Aufstieg: Der Zugang erfolgt zu Fuß vom Drautal aus Greifenburg bzw. Berg im Drautal/Ortsteil Feistritz in etwa 3 Stunden. Eine Forststraße führt von der Pließalm herauf. Die Hütte ist ein wichtiger Stützpunkt auf dem Gailtaler Höhenweg. Dieser wird über den Padiaurstieg genannten Anstieg beim Törl erreicht, von wo aus sich im Westen der Reißkofel und im Osten der Sattelnock erreichen lassen.

Besonderes: Die E.-T.-Compton-Hütte ist eine Schutzhütte der Sektion Austria des Österreichischen Alpenvereins an der Nordflanke der Gailtaler Alpen. Sie steht auf dem Schönboden und bietet etwa 20 Schlafgelegenheiten. Benannt ist sie nach dem englischen Maler und Bergsteiger Edward Theodore Compton.

Übernachtungsmöglichkeiten: 8 Betten und 11 Schlafmöglichkeiten im Matratzenlager

Schüttelbrotnudeln mit Graukas

Zutaten

50 g Schüttelbrot

250 g Mehl

3 Eier

30 ml mildes Olivenöl

1 Prise Salz

50 g Speck

50 g Zwiebel

300 ml Fleischbrühe (Rezept siehe Seite 10)

100 g Graukäse, zerbröselt

5 EL kalte Butter

1 EL Schnittlauch, fein geschnitten

Für den Nudelteig das Schüttelbrot fein reiben und mit Mehl, Eiern, Olivenöl und Salz zu einem Teig verkneten. Zudecken und etwa 20 Minuten ruhen lassen. Anschließend den Teig mit der Nudelmaschine dünn ausrollen und Bandnudeln schneiden.

Salzwasser in einem Topf erhitzen und die Schüttelbrotnudeln etwa 5 Minuten kochen.

Inzwischen Speck und Zwiebel fein schneiden und bei hoher Temperatur in der Fleischbrühe ca. 5 Minuten einkochen lassen, bis die Flüssigkeit auf die Hälfte reduziert ist. 20 g Graukäse zerbröseln und zusammen mit der kalten Butter und dem Schnittlauch unterrühren.

Die Schüttelbrotnudeln in der Soße schwenken und nach dem Anrichten mit dem restlichen Graukäse bestreuen.

Dreischusterhütte (1.635 m)
Alfred Innerkofler
Tel. Hütte: +39 0474 966610
www.drei-schuster-huette.com

Betriebszeiten: Im Sommer ist die Dreischusterhütte von Pfingsten bis Mitte Oktober geöffnet, im Winter von Weihnachten bis Mitte März. Übernachtung ist von 1. Juni bis 30. September möglich.

Anreise: Mit der Bahn bzw. dem Linienbus bis nach Innichen, von dort gelangt man mit dem PKW bis ins Innerfeldtal kurz vor die Hütte.

Ausgangspunkt: Taleingang zwischen Innichen und Sexten

Aufstieg: Von Innichen bzw. Sexten folgt man der Fahrstraße, die ins Innerfeldtal führt. Alternativ kann man daneben den gekennzeichneten Steig durch lichten Lärchenwald talein nehmen. Erst zuletzt wird es etwas steiler, über einige Kehren gelangt man zur Hütte. Die Gehzeit beträgt etwa 2,5 Stunden.

Übernachtungsmöglichkeiten: Die Dreischusterhütte bietet insgesamt 56 Schlafplätze – 14 Doppelbettzimmer und 28 Lagerplätze.

Lammhaxerl

Zutaten

1 TL Fenchelsamen
6 Pimentkörner
Pfeffer aus der Mühle
4 Knoblauchzehen
1 Stück Ingwer
4 Lammhaxerl
1 große Zwiebel
1 Fenchel
½ Sellerie
2 Karotten
3 EL Öl
250 ml Rotwein
250 ml Gemüsebrühe
(Rezept siehe Seite 11)

Die Fenchelsamen und die Pimentkörner im Mörser zerstoßen, Pfeffer mahlen, den Knoblauch pressen, den Ingwer schälen und klein schneiden. Die Lammhaxerl mit allem gut einreiben und ca. 1 Stunde zugedeckt ziehen lassen.

Den Backofen auf 160 °C vorheizen. Unterdessen Zwiebeln, Fenchel, Sellerie und Karotten schälen und in Stücke schneiden. Das Fleisch und das Gemüse gemeinsam in 3 EL Öl anbraten. Wenn das Fleisch braun ist, alles mit Rotwein und Gemüsebrühe aufgießen und im Rohr ca. 45 Minuten schmoren.

Dazu passen Tagliatelle.

Lammpflanzerl

Zutaten

150 g Knödelbrot

3 Knoblauchzehen

2 Zwiebeln

5 EL Olivenöl

1 kg Lammhackfleisch

20 Oliven

3–4 Eier

abgeriebene Schale von ½ Zitrone

Salz, Pfeffer,

1 Prise Muskatnuss,

1 TL Paprikapulver edelsüß

Oregano, frischer Rosmarin,

Petersilie

Das Knödelbrot kurz in Wasser einweichen.

Den Knoblauch pressen, die Zwiebeln schälen und würfeln. Beides in 1 EL Olivenöl anbraten, herausnehmen.

In einer Schüssel das Lammhackfleisch mit Zwiebeln und Knoblauch vermischen. Das eingeweichte Knödelbrot ausdrücken und untermengen.

Die Oliven klein schneiden. Eier, Oliven und Zitronenschale unter die Fleischmischung rühren.

Danach mit Salz, Pfeffer, Muskatnuss, Paprikapulver, Oregano, Rosmarin und Petersilie würzen. Die Masse gut durchmischen.

Anschließend mit nassen Händen schöne Taler oder Bällchen formen. Die Fleischpflanzerl werden in 4 EL Olivenöl auf beiden Seiten bei mittlerer Hitze angebraten, bis sie braun sind.

Eventuell auf Tomatensoße oder Ratatouille servieren, mit Beilagen nach Wahl.

Tatarenhut

Zutaten

2 Karotten

1 Lauchstange

1 Sellerieknolle

1 l Fleischbrühe

(Rezept siehe Seite 10)

320 g Rinderfilet

320 g Schweinefilet

320 g Putenbrust

Salz, Pfeffer, Paprikapulver

Öl

4 Knoblauchbaguettes

4 Kartoffeln

2 Köpfe Salat

Zucker, Dill

Knoblauch nach Wunsch

Essig

Tatarenhut ist ein geselliges Essen, bei dem das Fleisch am Tisch gebraten wird. Der sogenannte „Tatarenhut" ist im Gastronomie-Fachhandel oder im Internet erhältlich.

Zuerst werden die Karotten, der Lauch und die Sellerieknolle in Streifen geschnitten und roh in der Hutkrempe aufgeteilt. Dann wird das Gemüse mit der Fleischbrühe aufgegossen. Das Fleisch in Streifen schneiden und je nach Geschmack mit Salz, Pfeffer und Paprika würzen und leicht einölen. Das Fleisch wird bei Tisch auf dem Hut angebraten. Der Bratensaft fließt dabei in die Suppe, die aus der Krempe gelöffelt werden kann.

Als Beilage eignen sich Knoblauchbaguette und Ofenkartoffeln besonders gut. Die Marinade für den Salat wird aus Salz, Pfeffer, Zucker, Dill, eventuell etwas Knoblauch, Essig und Öl angerührt.

Zusätzlich kann dieses Gericht durch unterschiedliche Dips variiert werden.

Oberweissbach (1.000 m)
Andreas Josef Kals
Weissbach 2
A-6384 Waidring/Tirol
Tel. Hütte: +43 5353 20053
www.gh-oberweissbach.at

Betriebszeiten: Ganzjährig geöffnet. Die Hütte bietet einen Anschluss zu einer Rodelbahn und einem Bogenpacours. Es werden Sommer- wie Winteraktivitäten geboten.

Anfahrt: Der Gasthof Oberweissbach ist leicht über die Autobahn A93 (Ausfahrt Oberaudorf) und weiter über die Landstraße mit dem Auto zu erreichen.

Übernachtungsmöglichkeiten: eine Ferienwohnung für 4-6 Personen

Tiroler Gröstl

Zutaten

600 g Kartoffeln

300 g Rindfleisch (Suppenfleisch) gekocht

2 große Zwiebeln

150 g Bauchspeck

3 EL Öl

Salz, Pfeffer, Majoran, Kräuter der Provence, Kümmel

1 EL Butter

4 Eier

Petersilie

Die Kartoffeln kochen, schälen, auskühlen lassen. Man kann auch Kartoffeln vom Vortag verwenden. In nicht zu dünne Scheiben schneiden. Das Rindfleisch grob schneiden, Zwiebeln und Speck fein schneiden.

In einer großen Pfanne das Öl erhitzen und Zwiebeln darin anbräunen. Kartoffeln beigeben, mit Salz, Pfeffer, Majoran, Kräutern der Provence und Kümmel würzen. Fleisch und Speck beigeben und unter häufigem Wenden 10 Minuten goldbraun knusprig rösten.

In einer Pfanne etwas Butter schmelzen, die Eier aufschlagen und Spiegeleier braten. Das Gröstl mit den Spiegeleiern anrichten und mit Petersilie bestreuen.

Als Beilage passt Krautsalat.

Hochrieshütte (1.569 m)
Florian Robl
Hochries 1, D-83122 Samerberg
Tel. Hütte: +49 8032 8210
www.hochrieshuette.de

Betriebszeiten: Von April bis Ende November durchgängig geöffnet. In der Wintersaison Mittwoch und Donnerstag Ruhetag – außer Ferien- und Feiertage

Anreise: Die Anfahrt ist vom Bahnhof Rosenheim mit dem Bus möglich, der nach Grainbach fährt. Mit dem PKW nimmt man auf der A8 (München-Salzburg) die Ausfahrt Achenmühle und nimmt die Straße nach Grainbach.

Aufstieg: Am bequemsten ist der Weg mit der Seilbahn von Grainbach. Zu Fuß eignet sich am besten die Route vom Wanderparkplatz Spatenau über Doagl-Alm und Seitenalm auf gutem und ausgeschildertem Wanderweg. Die Gehzeit beträgt ca. 1½-2 Stunden. Weitere Zustiegsmöglichkeiten vom Samerberg, von Frasdorf und von Aschau im Chiemgau sind ebenfalls ausgeschildert.

Übernachtungsmöglichkeiten: Für Übernachtungsgäste verfügt die Hochrieshütte über 13 Betten in Mehrbettzimmern und 30 Plätze im Matratzenlager.

Tagliatelle Wildragout

Zutaten

1 Zwiebel

1 Karotte

½ Selleriestange

80 g Bauchspeck

800 g Wildfleisch (Schulter oder
Keule von Hirsch, Reh oder Gämse)

Salz, Pfeffer aus der Mühle

1 EL Mehl, 2 EL Öl

2 EL Tomatenmark

200 ml Rotwein

1 l Fleischbrühe

(Rezept siehe Seite 10)

1 Lorbeerblatt, 1 Rosmarinzweig,

1 Thymianzweig, zerdrückte Wacholderbeeren

1 TL Preiselbeeren, 1 EL Senf

600 g Tagliatelle

Parmesan zum Bestreuen

1 TL Butter

Zwiebeln, Karotten, Selleriestange und Speck würfeln. Das Fleisch fein schneiden, salzen, pfeffern und mit Mehl bestreuen.

Das Öl in einem Topf erhitzen und das Fleisch darin anbraten. Gemüse und Speck dazugeben und mitbraten. Das Tomatenmark mitrösten, alles mit Rotwein ablöschen und ca. 15 Minuten einkochen lassen, bis keine Flüssigkeit mehr im Topf ist.

Dann mit der Fleischsuppe aufgießen und mit Lorbeer, Rosmarin, Thymian, Wacholderbeeren, Salz und Pfeffer würzen. Ca. 1½ Stunden langsam fertig schmoren lassen. Preiselbeeren und Senf zum Schluss dazugeben und nach Belieben noch abschmecken.

Die Tagliatelle kurz al dente kochen, abseihen und mit dem Wildragout, dem Parmesan und etwas Butter anrichten.

AVS Oberetteshütte (2.670 m)
Karin und Edwin Heinisch
I-39024 Matsch/Mals (BZ)
Tel. Hütte: +39 0473 830280
www.oberetteshuette.it

Betriebszeiten: Von Mitte Juni bis Anfang Oktober geöffnet

Anfahrt: Vom Reschenpass oder von Meran kommend bis nach Tartsch bei Mals, hier Abzweigung nach Matsch nehmen und weiter bis zu den Glieshöfen im hinteren Matschertal.

Aufstieg: Vom Glieshof folgen Sie dem Forstweg, der bis zur Talstation der Materialseilbahn führt. Von dort geht es zügig den neu angelegten Hüttenzustieg hinauf und nach circa 2,5 Stunden (1 Stunde von der Materialseilbahn) erreicht man die Hütte. Ein anderer sehr lohnender Aufstieg ist die Wanderung von der „Inneren Matscher Alm" über den Steig Nr. 4 zu den zauberhaften Saldurseen und weiter zur Oberetteshütte.

Übernachtungsmöglichkeiten: Gemütliche Übernachtungsgelegenheiten sowohl in Mehrbettzimmern als auch in den geräumigen, hellen Lagern.

Hirtenmakkaroni

Zutaten

200 g durchwachsener Speck

1 große Zwiebel

2 Knoblauchzehen

200 g Champignons

2 EL Olivenöl

2 TL Tomatenmark

1 TL Paprikapulver scharf

1 kleine Dose pürierte Tomaten

1 Schuss Rotwein

500 g Makkaroni, Penne bzw. Nudeln nach Wahl

150 g Erbsen (TK)

Salz, Pfeffer

Thymian, Rosmarin

Speck, Zwiebel und Knoblauch würfeln. Die Champignons klein schneiden und alles zusammen in Olivenöl anbraten. Tomatenmark und Paprikapulver dazugeben, dann mit den pürierten Tomaten und dem Rotwein aufgießen. Ca. 10 Minuten köcheln lassen, gegen Ende der Garzeit die Erbsen untermischen.

Währenddessen die Makkaroni in Salzwasser bissfest kochen.

Kurz vor Schluss die Soße nach Geschmack mit Salz, Pfeffer, Thymian und Rosmarin würzen. Nudeln und Soße vermengen.

Bauernomelett

Zutaten

6 Kartoffeln

150 g durchwachsener Speck

3 Zwiebeln

2 TL Butter

Salz

8 Eier

Pfeffer, Petersilie, Muskatnuss,

Schnittlauch

Die Kartoffeln in 2 cm große Würfel schneiden und 15 Minuten weichkochen. Speck und Zwiebeln klein hacken, zusammen mit den Kartoffelwürfeln in einer Pfanne mit Butter anbraten und salzen.

Die Eier mit Salz, Pfeffer, Petersilie, Muskatnuss und Schnittlauch verquirlen und in die Pfanne dazugeben. Die Pfanne mit einem Deckel bedecken und bei mittlerer Hitze weiterbraten, bis das Omelett stockt.

Mit frischem Salat ist dies ein ideales Bergessen.

Bayerisch Kraut

Zutaten

1 Kopf Weißkraut

100 g durchwachsener Speck

3 EL Öl

1 Zwiebel

1 EL brauner Zucker

250 ml Fleisch- oder Gemüsebrühe

(Rezepte siehe Seite 10/11)

Salz, Pfeffer, Kümmel

1 Schuss Essig

Das Weißkraut putzen, vierteln, den Strunk entfernen und das Kraut grob schneiden. Den Speck würfeln und mit dem Öl in einem Topf erhitzen. Die Zwiebel fein schneiden und mit dem Zucker dazugeben.

Das Kraut hinzufügen und mit anbraten. Mit der Brühe aufgießen und mit Salz, Pfeffer, Kümmel und Essig würzen. Ca. 40 Minuten bei niedriger Temperatur dünsten.

Bayerisch Kraut ist als Beilage zu deftigen Gerichten gedacht.

Falsche Wildsau

Zutaten

2 Zwiebeln

2 Karotten

½ Sellerieknolle

1 Lauchstange

3–4 Knoblauchzehen

10 Pfefferkörner

8 Wacholderbeeren

8 Pimentkörner

5 Lorbeerblätter

Thymian

1 EL Senfkörner

4 Nelken

2 Sternanis

1 l Rotwein

250 ml Rotweinessig

1 kg Schweineschulter mit Schwarte

Salz

4 EL Öl

Bei diesem Gericht wird das Fleisch wie bei der Zubereitung von Wild eingelegt – daher stammt auch der Name. Zuerst Zwiebeln, Karotten, Sellerieknolle, Lauch und Knoblauch klein schneiden. Aus dem geschnittenen Gemüse, den Gewürzen, dem Rotwein, 1 l Wasser und dem Essig eine Beize machen. Darin wird die Schweineschulter eingelegt, sodass sie bedeckt ist. Über Nacht ziehen lassen. Gesalzen wird das Fleisch erst beim Anbraten.

Am nächsten Tag den Backofen auf 150 °C vorheizen, die Schulter aus der Beize nehmen und abwaschen. Die entstandene Beize abseihen, aufkochen und abschäumen. Öl in einem Bräter erhitzen, die Schulter salzen und rundum heiß anbraten. Gemüse dazugeben und anschließend mit einem halben Liter des geklärten Suds aufgießen. Für ca. 2½ Stunden in den Ofen schieben. Die Hitze darf nicht zu hoch sein, falls notwendig, das Fleisch ein bisschen länger im Ofen lassen.

Zum Schluss eventuell noch einmal mit dem Sud aufgießen. Das Fleisch herausnehmen und ruhen lassen, dann die Soße abschmecken.

Dazu passen Knödel und Krautsalat.

Berg Heil!

Schrofntrottln, Klettermaxen,
Jöchlsprinter, dufte Gwaachsen,
Alpnsäugling, Gartnzwerg:
alle drucka s' nauf auf d' Berg!

Guat durchwachsne Almkaas-Esser
wetzn scho des Fahrtnmesser.
Nach de silbern' »Edlwoaß«
laaffa si si d' Wadl hoaß!

In da Speis und Rumpekamma
sucha s' eahna Zeigl z'samma.
Rucksäck ham s' da, Gott sei Dank,
wiara kloaner Kleiderschrank!

Oiwei matsch und oiwei mätscher
schleichn s' übern Eiszeitgletscher.
Sehgts es, wiara d' Zung rausstreckt
und eich allesam dableckt?

Aber d' Schneid verliert da koana,
und koa Spoitn, de konns moana:
Bal da ganze Schnee verbrennt,
auffi gehts de steilstn Wänd'

Und erst de extrema Schlosser
schreckt koa Turm, koa no so großer!
Alle Meta haun de Stier
Nägl nei ins Felsrevier.

Mitn Hammer, mitn Pickl
macha s' eahna Moasterstückl,
und sobald a Wetta kracht,
sagn sa si am Strick Guat Nacht.

Stehnga s' endli drobn am Gipfe,
in da Hand an Hartwurschtzipfe,
d' Hosn z'rissn, Bluat am Knia,
kimmt a dicke Nebebrüah!

Durch Geröll und zaache Laatschn
siehgst as wieder abihaatschn.
Manche ham an Sonnabrand,
oaner tragt an Notverband.

An de Fersn Wasserblasn,
humpeln dean s' wia Kinihasn,
müad san s' wia de Droschkngäul,
leise klingts: Berg Heil, Berg Heil!

Eintopf vom Berglamm

Zutaten

750 g Lammschulter
grober Pfeffer, Kümmel
1 TL Thymian, 1 Rosmarinzweig
250 ml Weißwein
1 Zwiebel
2 Karotten
¼ Sellerieknolle
1 Zucchini
½ Fenchelknolle
2 Knoblauchzehen
1 Stück Ingwer
4 EL Olivenöl
100 g Champignons
1 EL Tomatenmark
1 TL mittelscharfer Senf
250 ml helles Bier
250 ml Fleischbrühe
(Rezept siehe Seite 10)
¼ Kopf Weißkraut
Salz

Die Lammschulter fein würfeln und für ca. 6 Stunden mit grobem Pfeffer, Kümmel, Thymian, Rosmarin und Weißwein marinieren.

Den Backofen auf 150 °C vorheizen.
Nach der Marinierzeit Zwiebel, Karotten, Sellerieknolle, Zucchini, Fenchel, Knoblauch und Ingwer klein schneiden. Das Olivenöl in einem Topf erhitzen und das geschnittene Gemüse darin anschwitzen. Nach 5 Minuten, wenn alles angebräunt ist, das Gemüse aus dem Topf nehmen. Die Champignons halbieren und im selben Öl anrösten. Die gebräunten Champignons zum restlichen Gemüse geben.

Danach werden die Fleischstücke bei hoher Temperatur – im selben Öl – angebraten. Tomatenmark und Senf kurz mitrösten, mit Bier und Fleischbrühe ablöschen und aufkochen lassen.

Das Weißkraut klein schneiden, das Gemüse unter das Fleisch heben, alles salzen und mit dem geschnittenen Weißkraut abdecken.

Mit einem Deckel im Backrohr ca. 1 Stunde fertig schmoren lassen.

Dazu passen Hausbrot und Salzkartoffeln.

VEGETARISCH

Auch ohne Fleisch ein Genuss sind die schmackhaften Kaspressknödel. Das Rezept für die Knödel finden Sie auf Seite 91.

Knödelsalat

Zutaten

300 g Knödelbrot in Würfeln

Salz, Pfeffer, Muskatnuss, Majoran

1 EL Petersilie, 1 EL Schnittlauch

2 EL Mehl

1 Zwiebel

1 EL Öl

250 ml Milch

2–3 Eier

alternativ: 8 Knödel vom Vortag

2 rote Zwiebeln

Salz, Pfeffer, 1 TL Zucker

3 EL Weinessig

2 EL Öl

Das Knödelbrot mit Salz, Pfeffer, Muskatnuss, Majoran, Petersilie und Schnittlauch würzen, dann das Mehl dazugeben.

Die Zwiebel fein würfeln und in 1 EL Öl anbräunen. Mit der Milch aufgießen und kurz erwärmen. Die Zwiebel-Milch-Mischung über das Knödelbrot gießen, die Eier dazugeben und alles gut durchkneten.

Aus der Masse mit nassen Händen 8 Knödel formen. In einem großen Topf so viel Salzwasser erhitzen, dass die Knödel darin „schwimmen" können. Die Knödel in das siedende Wasser geben und ca. 15 Minuten gar ziehen lassen. Die Knödel aus dem Wasser nehmen und erkalten lassen.

Für den Knödelsalat müssen die Knödel nicht frisch gemacht werden. Wenn es am Vortag ein Gericht mit Knödeln gegeben hat, ist dies eine gute Möglichkeit, die übriggebliebenen Knödel aufzubrauchen.

Für den Salat die Knödel halbieren und in Scheiben schneiden. Die Zwiebeln fein schneiden und darüberstreuen. Aus Salz, Pfeffer, Zucker, 3 EL Weinessig und 2 EL Öl eine Marinade zubereiten. Eventuell noch Wasser hinzufügen und über die Knödel gießen. Das Ganze etwas ziehen lassen und mit Schnittlauch bestreut servieren.

Schwammerlgulasch

Zutaten

1 große Zwiebel

1 EL Butter

2 Karotten

¼ Sellerie

1 kg gemischte Bergwaldpilze

2 EL Mehl

Salz, Pfeffer

250 ml Gemüsebrühe

(siehe Rezept Seite 11)

250 g Sahne

Muskatnuss, Petersilie

Die Zwiebel fein schneiden. Die Butter in einem Topf zerlassen und die Zwiebel in der Butter anbraten. Die Karotten und den Sellerie würfeln und dazugeben. Bergwaldpilze klein schneiden, leicht mehlieren und im Topf kräftig mit anbraten. Mit Salz und Pfeffer würzen und mit der Gemüsebrühe aufgießen.

Nach ca. 10 Minuten Garzeit mit Sahne verfeinern, mit 1 Prise Muskatnuss und frischer Petersilie abschmecken.

Am besten passt natürlich ein frischer Semmelknödel (Rezept wie Speckknödel Seite 13, nur ohne Speck) dazu, aber auch Nudeln sind eine gute Beilage zum Schwammerlgulasch.

Oar

De kloan Zwackerl
sagn zum Ei Gackerl.
De Franzosn sprecha
in dem Betreff
von œuf.
Uovo hoaßn d' Itialiena
's Abfoiprodukt

von de Henna.
D' Engländer nenna
d' Eier eggs,
und de Chinesn?
Schmecks!
Den scheenstn Namn dafür
hat da Boar: Oar.

Spinatknödel

Zutaten

250 g Blattspinat

3 Eier

750 ml Milch

1 TL Öl

Salz, Pfeffer

750 g Semmelwürfel

1 Prise Muskatnuss

2 EL Gemüsesuppenwürze

6 EL Mehl

250 g Butter

400 g Parmesan

Den Blattspinat blanchieren und fein hacken. Die Eier mit Milch, Öl, Salz und Pfeffer gut verrühren. In einer großen Rührschüssel die Semmelwürfel mit Muskatnuss und der Gemüsesuppenwürze sowie dem Mehl zusammenmischen. Mit dem Spinat und dem Eier-Milchgemisch übergießen und gut vermengen.

Aus der Masse mit nassen Händen 8 Knödel formen. In einem großen Topf so viel Salzwasser erhitzen, dass die Knödel darin „schwimmen" können. Die Knödel in das siedende Wasser geben und ca. 20 Minuten ziehen lassen.

Die Butter zerlassen, die Knödel auf einem Teller anrichten und mit der Butter übergießen. Parmesan frisch reiben und damit zuletzt die Knödel bestreuen.

Edelweißhütte (1.235 m)
Bernhard Siebenhütter
A-2734 Puchberg/Losenheim
Tel. Hütte +43 2636 3616
www.edelweisshuette.at

Betriebszeiten: Die Hütte ist von Ende April bis Anfang November und von Anfang Dezember bis Anfang April in Betrieb. Ruhetage sind Dienstag und Mittwoch – in den Ferien nur mittwochs Ruhetag.

Anreise: Mit öffentlichen Verkehrsmitteln wird der Bahnhof Puchberg angefahren. Von dort geht es mit dem Autobus weiter zum Großparkplatz in Losenheim. Mit dem Auto ist auf der A2 die

Ausfahrt Wiener Neustadt West zu nehmen und dann weiter auf der B26 Richtung Puchberg am Schneeberg nach Losenheim zum Großparkplatz bei der Sessellift-Talstation.

Aufstieg: Vom Großparkplatz führt ein 1 bis 1,5 Stunden dauernder Weg hinauf zur Edelweißhütte. Man kann auf dem gelb markierten Wanderweg oder auf einer Forststraße gehen. Bequemer erreicht man die Hütte mit dem Vierer-Sessellift von der Talstation am Großparkplatz bis zur Bergstation knapp unter der Edelweißhütte.

Übernachtungsmöglichkeiten: 8 Schlafplätze in Zimmerlager, 40 Schlafplätze im Matratzenlager

Gefüllte Bärlauchtaschen

Zutaten

500 g Mehl
1 EL Öl
250 g mehlige Kartoffeln
250 g Bröseltopfen
(Hüttenkäse oder Schichtkäse)
100 g Bärlauch
Salz
125 g Butter
Bergkäse und Schnittlauch zum
Bestreuen

Mehl, Öl und 250 ml Wasser zu einem geschmeidigen Teig verarbeiten und diesen etwa 1 Stunde kühl ruhen lassen. In der Zwischenzeit für die Füllung die Kartoffeln kochen, schälen und passieren. Mit Bröseltopfen und Bärlauch vermischen und mit Salz kräftig würzen.

Dann den Teig dünn ausrollen und Kreise mit 10 cm Durchmesser ausstechen. Die Füllung in der Mitte der Teigplätzchen platzieren, die Teile zusammenklappen und fest andrücken. Wichtig: Es sollte keine Luft drinnen bleiben. Zuletzt mit dem Rücken einer Gabel den Rand noch einmal zusammendrücken, sodass ein schönes Muster entsteht.

Die fertigen Bärlauchtaschen werden ca. 10 Minuten in leicht wallendem Salzwasser gekocht. Zuletzt Butter in einem Topf braun werden lassen und Bergkäse reiben. Damit die Taschen anrichten und mit Schnittlauch bestreuen.

Wildseeloderhaus (1.854 m)
Familie Bernhard und Christine Kaufmann
Almen 52, A-6391 Fieberbrunn
Tel. Hütte: +43 664 3400717
Internet: www.wildseeloderhaus.at

Betriebszeiten: Anfang Juni bis Oktober.

Anfahrt: Von Westen/Süden kommend: Über Innsbruck – Ausfahrt Wörgl Ost – B178 nach St. Johann in Tirol – abbiegen auf die B164 nach Fieberbrunn/Pillerseetal.
Von Osten kommend: Über Salzburg A1 – Ausfahrt Salzburg West oder Ausfahrt Bad Reichenhall (A8) – B21 (D) zur B 178 (A) über Lofer nach Waidring/Pillerseetal, weiter auf der Pillerseestraße L2 nach Fieberbrunn.

Aufstieg: Vom Dorfzentrum Fieberbrunn aus kommt man auf dem AV-Weg 711 über Rettenwand und Lucht zur Streuböden Alm. Weiter geht es zum Wildalpgatterl, dann rechts zur Wildalm und weiter zum Wildseeloderhaus – Gehzeit ca. 3 Stunden. Alternativ kann man mit den Bergbahnen Fieberbrunn zum Lärchfilzkogel fahren. Von dort aus geht es hinunter zur Wildalm und weiter wie oben beschrieben – Gehzeit ca. 1,5 Stunden.

Übernachtungsmöglichkeiten: 40 Schlafplätze – Matratzenlager und 2 Doppelzimmer

Tomatensoße

Zutaten

3 Knoblauchzehen

2 EL Olivenöl

1 Msp. Chiliflocken

1 Dose Tomaten in Stückchen

2 EL Tomatenmark

125 ml Rotwein

Salz, Pfeffer aus der Mühle

½ TL brauner Zucker

Die Knoblauchzehen pressen, das Olivenöl erhitzen und darin den Knoblauch mit den Chiliflocken kurz anschwitzen. Die Tomaten und das Tomatenmark dazugeben und mit Rotwein aufgießen. Mit Salz, Pfeffer und braunem Zucker würzen.

Die Tomatensoße 1–2 Stunden bei niedriger Temperatur garen lassen – ab und zu umrühren.

Die Soße sollte man als Grundsoße immer parat haben. Sie passt sehr gut zu allen Nudelarten oder zu den deftigen Strudeln. Eventuell mit Parmesan oder Bergkäse bestreuen.

Diese Tomatensoße geht ganz einfach und schmeckt sehr gut!

Rohkost

Vegetarier sucht ausgefleischte Salaterin zur gemeinsamen Rohkostaufnahme.

Penne vegetarisch

Zutaten

1 Karotte

1 Zucchini

¼ Sellerieknolle

1 Kohlrabi

2 EL Olivenöl

1 Knoblauchzehe

4 Frühlingszwiebeln

10 langstielige Kapern

10 schwarze Oliven

Salz, Pfeffer aus der Mühle

5 Tomaten oder Tomatensoße
(Rezept siehe Seite 79)

125 ml Gemüsebrühe
(Rezept siehe Seite 11)

400 g Penne oder Spaghetti

100 g Mozzarella

1 TL Basilikum, 1 TL Petersilie

Parmesan zum Bestreuen

Karotte, Zucchini, Sellerieknolle und Kohlrabi putzen, waschen und in feine Streifen schneiden.

Das Olivenöl in einer Pfanne erhitzen, den Knoblauch fein hacken und darin anschwitzen. Die Frühlingszwiebeln fein hacken und mitdünsten. Das Gemüse, die Kapern und Oliven dazugeben. Mit Salz und Pfeffer würzen. Die Tomaten schälen, klein schneiden und dazugeben – alternativ zu den frischen Tomaten passt auch fertige Tomatensoße. Mit der Gemüsebrühe angießen und kurz aufkochen lassen.

In der Zwischenzeit in einem Topf Wasser zum Kochen bringen, salzen und die Nudeln hineingeben. Öfters umrühren und die Nudeln bissfest kochen, dann abgießen. Den Mozzarella würfeln und Nudeln mit Mozzarella in der Soße schwenken.

Den Parmesan reiben und das fertige Gericht damit bestreuen. Mit feingeschnittenen Kräutern dekorieren.

Radlseehütte (2.284 m)
Christian Gschnitzer
I-39040 Feldthurns
Tel. Hütte: +39 0472 855230
Tel. Tal: +39 338 5075298
www.radlseehuette.it

Betriebszeiten: Mitte Mai bis Ende Oktober

Anfahrt: Es gibt verschiedene Ausgangspunkte, die für den Aufstieg angefahren werden können. Von Brixen über Pinzagen und Tils erreicht man den Perlungerhof, wo das Auto geparkt werden kann. Alternativen sind der Weg von Feldthurns bis zum Garner Wetterkreuz, von Latzfons bis Kühhof oder Feldthurns nach Oberschnauders – überall sind Parkmöglichkeiten vorhanden. Mit dem Bus sind die Orte Latzfons, Tils und Oberschnauders gut erreichbar.

Aufstieg: Abhängig vom Ausgangsort sind unterschiedliche Wege zur Radlseehütte möglich. Ausgehend von Tils, dem Garner Wetterkreuz und Oberschnauders führen Steige Nr. 8, Nr. 10 und Nr. 18 zur Hütte – es ist mit je 2,5 Stunden Marsch zu rechnen. Von Kühhof geht ein zweistündiger Panoramaweg los.

Übernachtungsmöglichkeiten: 24 Betten in Zimmerlagern und 46 Schlafplätze in Gemeinschaftslager

Kartoffelnocken mit Kräuterpesto

Zutaten

400 g mehlige Kartoffeln

2 Eigelb

1 EL Butter

120 g Mehl

Salz, Pfeffer aus der Mühle

1 Prise Muskatnuss

120 ml Olivenöl

40 g Brennnesselblätter

20 g Brunnenkresseblätter

20 g Basilikum, 1 EL Pinienkerne

½ Knoblauchzehe

40 g Parmesan

2 Tomaten

Für die Kartoffelnocken die Kartoffeln schälen, in Würfel schneiden und in Salzwasser ca. 30 Minuten kochen. Die Kartoffeln durch die Kartoffelpresse drücken.

Die Eier trennen und die Butter zerlassen. Kartoffeln, Eigelbe und Butter verkneten und abkühlen lassen.

Mehl, Salz, Pfeffer und Muskatnuss unter die Masse mischen, aus dem Teig ca. 1 cm dicke Stränge formen und in 2 cm lange Stücke schneiden.

In einem großen Topf Salzwasser aufkochen und die Stücke portionsweise darin einmal aufwallen lassen, bis sie oben schwimmen. Mit einem Schaumlöffel herausheben und warm stellen.

Für das Pesto Olivenöl, Brennnesselblätter, Brunnenkresseblätter, Basilikum, Pignoli und Knoblauch fein pürieren. Den Parmesan reiben und mit den Kräutern vermischen. Vorsichtig mit Salz und Pfeffer abschmecken.

Anschließend die Kartoffelnocken mit dem Bergkräuterpesto in der Pfanne schwenken. Die Tomaten in Stücke schneiden, dazugeben und servieren.

Sesvennahütte (2.256 m)
Familie Pobitzer
Schleis 62a
I-39024 Mals (Südtirol)
Tel. Hütte: +39 0473 830 234
www.sesvenna.it

Betriebszeiten: Die Hütte ist von Februar bis Mai und von Juni bis Oktober geöffnet.

Anfahrt: Die Sesvennahütte befindet sich in der Gemeinde Mals im oberen

Vinschgau/Südtirol, nahe der Schweizer Grenze. Die Anreise erfolgt über den Reschenpass oder über Meran.

Aufstieg: Am kürzesten ist der Aufstieg ab Schlinig (Parkplatz). In ca. 1½–2 Stunden erreichen Sie die Hütte. Andere Aufstiegsmöglichkeiten finden Sie auf der Website.

Übernachtungsmöglichkeiten: 30 Betten und 50 Lagerplätze

Kartoffelgulasch

Zutaten

2 Zwiebeln

½ Sellerieknolle

4 Karotten

4 EL Olivenöl

1 ca. 2 cm großes Stück Ingwer

3 Paprikaschoten

8 große Kartoffeln

4 EL Tomatenmark

250 ml Rotwein

Salz, Pfeffer, Kümmel, etwas
Kreuzkümmel, 1 TL Paprika
edelsüß, 1 TL Paprika scharf

Majoran

Petersilie

125 g Sahne

Zwiebeln, Sellerieknolle und Karotten in Würfel schneiden und in einem schweren Topf mit 4 EL Olivenöl anbraten. Den Ingwer schälen, klein hacken und dazugeben. Anschließend die Paprika in Würfel schneiden, die Kartoffeln schälen und würfeln. Beides dazugeben und 5 Minuten mitbraten. Das Tomatenmark unterrühren. Nun mit Rotwein ablöschen, salzen und pfeffern und nach Geschmack würzen.

Das Ganze 20–30 Minuten köcheln lassen, bis das Gemüse gar, aber noch bissfest ist.

Zuletzt mit der Sahne aufgießen, aber nicht mehr kochen lassen.

Tiroler Gröstl

D'Karoffe aus Andalusien,
Zwiebe aus Griechenland,
Fleisch aus Argentinien,
Pfanna aus Hongkong,
s'Besteck aus Solingen …

Kartoffel-Wurzelgmias-Auflauf

Zutaten

6 Kartoffeln

6 Karotten

1 Sellerieknolle

2 Zwiebeln

2 Rote Rüben

1 Stück Ingwer (geschält)

Salz, Pfeffer, Dill, Muskatnuss

Petersilie

250 g Sahne

2 EL Öl

6 Scheiben Bergkäse

Den Ofen auf 160 °C vorheizen.

Kartoffeln, Karotten, Sellerieknolle, Zwiebeln und Rote Rüben putzen, schälen und in dünne Scheiben schneiden, den Ingwer klein hacken. Das Gemüse mit Ingwer, Salz, Pfeffer, Dill, Muskatnuss und Petersilie würzen und die Sahne untermischen.

Eine Auflaufform mit Öl einpinseln, die Gemüsemischung hineingeben und gut verteilen. Die Masse wird mit Käsescheiben belegt. Ca. 1 Stunde backen, bis der Käse braun ist.

Dazu passt Blattsalat. Auch eine Joghurt- oder Zwiebelsoße schmeckt sehr gut dazu.

Kartoffe

Der oa hat d' Kartoffe
druntn im Keller,
der anda, der hat's scho
drom aufn Teller,
der dritte, der hat's bereits

drinna im Bauch.
Aber bei uns is 's da Brauch
– trotz da Muatta ihrm Schimpf:
mir hambs in de Strümpf!

Mangold in Ingwer-Kokossahne

Zutaten

100 g Kokosraspeln
1 Zwiebel
1 daumengroßes Stück Ingwer
1 EL Palmöl
1 kg Mangold
65 ml Tamari-Sojasoße
250 ml Gemüsebrühe
(Rezept siehe Seite 11)
500 ml Kokosmilch
1 Knoblauchzehe
Salz, Pfeffer
1 rote Paprikaschote
800 ml Gemüsebrühe
400 g Quinoa

Die Kokosraspeln in einer beschichteten Pfanne ohne Fett goldbraun rösten und zunächst zur Seite stellen.

Die Zwiebel fein würfeln, den Ingwer sehr fein schneiden. Das Palmöl in einer Pfanne erhitzen und darin Zwiebel mit Ingwer andünsten. Den Mangold mit Stielen und Blättern in ca. 1 cm breite Streifen schneiden, dazugeben und zusammenfallen lassen. Mit Sojasoße, Gemüsebrühe und Kokosmilch ablöschen. Die Knoblauchzehe hineinpressen, die gerösteten Kokosraspeln dazugeben und mit Salz und Pfeffer würzen. Geschmacklich und farblich passt die Paprikaschote sehr gut dazu. Dafür diese in ½ cm breite Streifen schneiden, am Schluss dazugeben und 5 Minuten mitkochen lassen.

Für den Quinoa als Beilage 800 ml Gemüsebrühe zum Kochen bringen und den Quinoa zugeben. Ausquellen lassen und zusammen mit dem Mangold servieren.

Wir danken den vorherigen Pächtern Annette Ziegler und Jan Piepenstock für dieses Rezept.

Schwarzrieshütte (970 m)
Monika Grade
Alm 27, A-6343 Erl
Tel. Hütte: +49 4551 8909910
www.schwarzrieshuette.com

Betriebszeiten: Mai bis November, Montag Ruhetag (ausgenommen Feiertage)

Ausgangspunkt: Die Schwarzrieshütte ist auf vielen unterschiedlichen Wegen erreichbar. An dieser Stelle wird der Aufstieg vom Ausgangspunkt Samerberg beschrieben.

Anfahrt: Mit dem Zug nach Rosenheim und weiter mit dem Bus zu einer Haltestelle am Samerberg.

Aufstieg: Vom Waldparkplatz Samerberg zu Fuß Richtung Wagneralm, bis man an eine Weggabelung vor einer Almwiese kommt. Rechts halten, nach ca. 15 Minuten gelangt man zu einer beschilderten Strecke und wandert weiter zur Kasalm. Auf dem Forstweg weiter und nach einer Linkskurve auf einem schmaler werdenden Fußweg noch kurz hinunter zur Schwarzrieshütte. Die Gehzeit beträgt etwa 1 Stunde.

Übernachtungsmöglichkeiten: 16 Übernachtungsplätze

Kaspressknödel

Zutaten

1 Zwiebel

1 EL Butter

1 EL gehackte Petersilie

200 g Knödelbrot

250 ml Milch

2 Eier

Salz, Pfeffer

2 mittelgroße Kartoffeln

70 g Bergkäse

70 g Graukäse

1 EL Mehl

3 EL Öl

Die Zwiebel klein schneiden, die Butter in einer Pfanne zerlassen. Die Zwiebel mit der Petersilie in der Butter anschwitzen. Wenn die Zwiebel und die Petersilie schön braun sind, mit Knödelbrot, Milch, Eiern, Salz und Pfeffer vermengen.

Die Kartoffeln kochen, schälen und reiben. Anschließend unter die übrige Masse heben. Den Käse zerbröseln und zusammen mit dem Mehl gut untermischen.

Aus der Masse handflächengroße, daumendicke Pressknödel formen. Das Öl erhitzen und die Kaspressknödel bei mittlerer Temperatur ca. 5 Minuten auf jeder Seite ausbacken.

Die Knödel werden, wie man bei uns in Tirol sagt, „zu Wasser oder zu Lande" verzehrt: entweder mit Suppe oder mit Sauerkraut, ganz nach Geschmack. Auch frischer Salat eignet sich sehr gut als Beilage.

Sauerkraut

Zutaten

1 große Zwiebel

1 Karotte

¼ Sellerieknolle

2 EL Öl

2 EL brauner Zucker

125 ml Weißwein

125 ml Apfelsaft

1 kg Sauerkraut (in der Dose)

½ TL Korianderkörner, Kümmel

6 Wacholderbeeren

2 Lorbeerblätter

100 g durchwachsener Speck

(nach Wunsch)

Zwiebel, Karotte und Sellerieknolle putzen, schälen und klein schneiden. Das Öl in einem Topf erhitzen und das geschnittene Gemüse darin glasig braten. Den Zucker darüberstreuen und leicht karamellisieren, mit Weißwein und Apfelsaft ablöschen.

Jetzt das Sauerkraut, Korianderkörner, Kümmel, Wacholderbeeren und Lorbeerblätter beifügen und aufkochen lassen. Die Temperatur reduzieren und 1 Stunde leicht köcheln. Den Flüssigkeitsverlust mit Brühe, Wasser oder Apfelsaft ausgleichen.

Wahlweise, wenn man es nicht vegetarisch mag, kann noch Speck hinzugefügt werden. Dafür den Speck würfeln und zu Beginn mit Zwiebel, Karotte und Sellerieknolle anbraten. Anschließend unter das Kraut mischen.

Sauerkraut ist als Beilage gedacht oder macht sich wie im Rezept auf Seite 97 gut im Strudel.

Und das zum Thema Sauerkraut

Herrschaft, is des Kraut guat,
hat da Bauer zum Knecht gsagt,
und hat's Schweinerne außegfischt.

Sauerkraut macht gsund
und lustig. I bin neigierig.

Krautkrapfen

Zutaten

100 g Butter
1 ¼ kg Sauerkraut
500 g Mehl
2 Eier
1 Prise Salz
4 EL Öl
1 EL Butterflocken
etwas Butter für die Form

100 g Butter zerlassen und das Sauerkraut darin bei mittlerer Temperatur ca. 20 Minuten braten. Abkühlen lassen. Inzwischen Mehl, Eier, Salz und 250 ml lauwarmes Wasser zu einem festen Teig kneten und mit 2 EL Öl geschmeidig machen. Zu einer festen Kugel formen, mit dem Rest des Öls bepinseln und unter einem warmen, von innen angefeuchteten Topf ca. 1 Stunde ruhen lassen. Den Backofen auf 180 °C vorheizen.

Den Teig wie beim Strudel ausziehen und Kraut 1 cm dick darauf verteilen, die Ränder dabei freilassen und einschlagen. Den belegten Teig einrollen und in ca. 5 cm dicke Scheiben schneiden. Eine Auflaufform ausbuttern und die Teigrollen nebeneinander stellen. Butterflocken darauf verteilen und ca. 30 Minuten im Rohr goldgelb backen. Die Krautkrapfen eignen sich als Hauptgericht oder als schmackhafte Beilage zu deftigen Fleischgerichten.

Krautspätzle

Zutaten

500 g Spätzle
2 Zwiebeln
1 EL Butter
Salz, Pfeffer
100 g Butter
200 g Sauerkraut
(Rezept siehe Seite 92)
Schnittlauch zum Bestreuen

Die Spätzle nach Packungsanweisung in Salzwasser garen. Währenddessen Zwiebeln fein schneiden und 1 EL Butter in einer großen Pfanne zerlassen. Die Zwiebeln darin anbraten, dann die gekochten Spätzle dazugeben. Mit Salz und Pfeffer würzen. In einer zweiten Pfanne Butter schmelzen und das Sauerkraut darin anschwitzen. Das Kraut anschließend in die Spätzlepfanne geben und alles gut miteinander vermischen.

Zum Abschluss mit Schnittlauch bestreuen – fertig!

Strudelteig Grundrezept

Zutaten

125 g Mehl

½ TL Salz

75 g Butter

Mehl und Salz in eine Schüssel sieben. Ein Viertel der Butter zwischen den Fingern mit dem Mehl verreiben oder mit zwei Messern in das Mehl hacken, bis nach etwa 1 Minute eine krümelige Mischung entsteht. Nur so viel kaltes Wasser, etwa 200 ml, hinzufügen, dass sich die Zutaten miteinander verbinden. Kneten, bis sich der Teig sauber vom Rand der Schüssel löst. Zu einer Kugel formen, in Klarsicht- oder Alufolie einschlagen und für 30 Minuten in den Kühlschrank stellen.

Den Teig auf einem mit Mehl bestreuten Brett zu einem Rechteck ausrollen, das etwa dreimal so lang wie breit ist. Ein Viertel der Butter in Flöckchen auf zwei Drittel des Rechtecks verteilen. Zuerst das nicht mit Butter belegte Drittel nach innen falten, dann das verbleibende darüberklappen. In Folie einschlagen und erneut für 30 Minuten kalt stellen.

Den Teig noch zweimal ausrollen, mit Butter belegen und falten. Abschließend noch einmal ausrollen, damit die Schichten fest aneinanderhaften. Vor der Weiterverarbeitung in den Kühlschrank stellen.

Tipp: Die schnellere Alternative ist, den Strudelteig fertig zu kaufen. Schmeckt auch sehr gut und spart Zeit!

Sauerkrautstrudel

Zutaten

150 g Sauerkraut
(Rezept siehe Seite 92)
1 Strudelteig
(ca. 250 g, Rezept siehe Seite 95)
2 EL Semmelbrösel
1 Eigelb
2 EL Kürbis- oder Sonnenblumen-
kerne

Da auf der Hütte meistens Sauerkraut bereit steht, bietet sich der Sauerkrautstrudel sehr gut an. Wenn man es ohne Speck zubereitet hat, ist es ein wunderbares vegetarisches Gericht.

Den Backofen auf 160 °C vorheizen.

Das Sauerkraut in einem Sieb abtropfen lassen. Den Strudelteig ausrollen, mit den Semmelbröseln bestreuen, das Sauerkraut darauf verteilen und einwickeln.
Den Strudel mit Eigelb bestreichen und mit den Körnern bestreuen. Für ca. 30 Minuten in den Ofen schieben.

Dazu passen Salat und Kräuterquark.

Buchweizenstrudel

Zutaten

120 g Buchweizen
1 Stück Ingwer (geschält)
1 Karotte
¼ Fenchel
1 Paprika
½ Rote Rübe
½ Lauchstange
1 Zwiebel
2 EL Öl
Salz, Pfeffer, ½ TL Paprikapulver
edelsüß, 1 Msp. Ingwerpulver,
Kreuzkümmel
1 Strudelteig
(ca. 250 g, Rezept siehe Seite 95)
1 Eigelb
2 EL Kürbis- oder Sonnenblumen-
kerne

Den Buchweizen in Salzwasser mit einem Stück Ingwer 20 Minuten kochen.

Den Backofen auf 150 °C vorheizen.

Inzwischen Karotte, Fenchel, Paprika, Rote Rübe, Lauch und Zwiebel in kleine Würfel schneiden. In einer Pfanne das Öl erhitzen und das geschnittene Gemüse darin anbraten. Mit Salz, Pfeffer, Paprikapulver, Ingwerpulver und Kreuzkümmel würzen. Danach mit dem Buchweizen vermischen und abschmecken.

Den Strudelteig ausrollen und mit der Buchweizen-Gemüsemischung einwickeln. Mit dem Eigelb bestreichen und mit den Kernen bestreuen. Der Strudel kommt für 30 Minuten ins vorgeheizte Rohr.

Mit Salat und Joghurtdip servieren.

Strudelideen gibt es in Hülle und Fülle. Nach der gleichen Machart des Buchweizenstrudels lassen sich z. B. folgende Ideen umsetzen:

Kichererbsenstrudel, Hirsestrudel, Quinoastrudel, Amaranthstrudel, Bulgurstrudel, Belugalinsenstrudel, Blaukraut-Schafskäsestrudel

SÜSSSPEISEN
UND KUCHEN

Als Nachtisch oder zum Kaffee sind die Kuchen und
Süßspeisen der Hit, wie der leckere Rüblikuchen aus
Karotten. Das Rezept steht auf Seite 119.

Unsere süßen Strudel

Zutaten (Apfelstrudel)

2–3 Äpfel

50 g gemahlene Haselnüsse

2 EL Zucker

1 Msp. Zimt

1 EL Rosinen

1 Strudelteig

(ca. 250 g, Rezept siehe Seite 95)

2 EL Semmelbrösel

1 Eigelb

2 EL Mandelblättchen zum Bestreuen

Apfelstrudel (der Klassiker bei uns):

Den Backofen auf 160 °C vorheizen.

Die Äpfel schälen und klein schneiden. Mit Haselnüssen, Zucker, Zimt und Rosinen gut vermischen. Den Strudelteig ausrollen und mit Semmelbröseln bestreuen. Die Apfelmasse auf den Bröseln verteilen und den Strudel einrollen. Mit Eigelb bestreichen und mit Mandelblättchen bestreuen. Den Strudel für 30 Minuten backen.

Zutaten (Topfenstrudel)

125 g weiche Butter

200 g Zucker

3 Eier

1 Päckchen Vanillezucker

1 Päckchen Vanillepudding-Pulver

1 Prise Salz

1 kg Magerquark

¼ Ananas

50 Gramm Kokosflocken

1 Strudelteig

(ca. 250 g, Rezept siehe Seite 95)

2 EL Semmelbrösel

1 Eigelb

Topfenstrudel:

Den Backofen auf 160 °C vorheizen.

Butter, Zucker und Eier gut verrühren. Danach Vanillezucker, Puddingpulver und Salz untermischen, zuletzt den Quark dazugeben.

Je nach Geschmack kann man die Mischung mit allerlei vorhandenen Früchten anreichern. Mit Ananasstücken und Kokosflocken war der Topfenstrudel bei uns besonders beliebt. Dafür die Ananas in Stücke schneiden und mit Kokosflocken in die Masse rühren.

Den Strudelteig ausrollen, mit Semmelbröseln bestreuen und die Topfenmasse darauf verteilen. Den Strudel einrollen, mit Ei bestreichen und ca. 30 Minuten backen.

Zutaten (Zwetschgenstrudel)

15 Zwetschgen
50 g gemahlene Haselnüsse
2 EL Zucker
1 Msp. Zimt
1 EL Rosinen
1 Strudelteig
(ca. 250 g, Rezept siehe Seite 95)
2 EL Semmelbrösel
1 Eigelb
2 EL Zimtzucker

Zutaten (Birnenstrudel)

2–3 Birnen
50 g gemahlene Haselnüsse
1 Päckchen Vanillezucker
2 EL Zucker
2 EL Schokoladenblättchen
1 Strudelteig
(ca. 250 g, Rezept siehe Seite 95)
2 EL Semmelbrösel
1 Eigelb

Zutaten (Erdbeerstrudel)

200 g Erdbeeren
80 g gemahlene Mandeln
2 EL Zucker
1 Päckchen Vanillezucker
1 Strudelteig
(ca. 250 g, Rezept siehe Seite 95)
1 Eigelb
1 EL Schokoladenblättchen

Zwetschgenstrudel:

Den Backofen auf 160 °C vorheizen.
Zwetschgenstrudel wird ähnlich zubereitet wie Apfelstrudel. Anstatt der Äpfel 15 Zwetschgen klein schneiden und mit Haselnüssen, Zucker, Zimt und Rosinen vermischen. Den ausgerollten Strudelteig mit Bröseln bestreuen und die Zwetschgenmasse darauf verteilen. Den Strudel einrollen, mit Eigelb bestreichen und mit 2 EL Zimtzucker bestreuen. Wie den Apfelstrudel ca. 30 Minuten backen.

Birnenstrudel:

Den Backofen auf 160 C° vorheizen.
Die Birnen schälen, klein schneiden und unter Haselnüsse, Vanillezucker, Zucker und 1 EL Schokoladenblättchen mischen. Den Strudelteig ausrollen und die Semmelbrösel darauf streuen. Anschließend die Birnen darauf verteilen und alles einrollen. Den Teig mit dem Eigelb bestreichen und mit 1 EL Schokoladenstreusel verzieren. Den Birnenstrudel ca. 30 Minuten backen.

Erdbeerstrudel:

Den Backofen auf 160 °C vorheizen.
Die Erdbeeren klein schneiden und mit Mandeln, Zucker und Vanillezucker vermengen. Den Strudelteig ausrollen und mit der Erdbeermasse belegen. Den Teig zusammenrollen, mit Eigelb bestreichen und mit den Schokoladenblättchen bestreuen. Den Erdbeerstrudel ca. 30 Minuten backen.

Karamellisierter Kaiserschmarrn

Zutaten

500 ml Milch

500 ml Mineralwasser mit
viel Kohlensäure

900 g Mehl

750 g Butterschmalz

8 große Eier

40 g gehackte Mandeln

Salz

Zucker

Milch und Mineralwasser in die Küchenmaschine geben. Unter ständigem Rühren nach und nach das Mehl einrieseln lassen. Die ideale Masse hat die Konsistenz von Schokoladenpudding und erzeugt beim Kneten ein klatschendes Geräusch. Den Teig mit einer Kelle in vier Portionen teilen, drei davon in den Kühlschrank stellen.

Zwei Eier trennen. In einer Pfanne ca. 180 g Butterschmalz stark erhitzen und abdecken. Eigelbe mit Mandeln in die Teigportion rühren. Eiweiße mit einer Prise Salz steif schlagen und locker unter die erste Portion ziehen.

Wenn das Fett heiß ist, die Hitze reduzieren, den Teig in die Pfanne geben, Zucker darüberstreuen und Deckel wieder auflegen – wichtig für das Karamellisieren. Wenn die Unterseite braun ist, den Teig in der Mitte teilen, wenden und wieder zuckern und bedecken. Diesen Prozess noch ein- bis zweimal wiederholen, dabei den Teig weiter zerreißen. Den fertigen Kaiserschmarrn auf Küchenkrepp abtropfen lassen. Mit den restlichen Eiern und den drei übrigen Teigportionen ebenso verfahren.

Albert-Link-Hütte (1.053 m)
Ute Werner und Uwe Gruber
Valepper Straße 8
D-83727 Schliersee-Spitzingsee
Talort: Spitzingsee
Tel. Hütte: +49 8026 71264
www.albert-link-huette.de
info@albert-link-huette.de

Betriebszeiten: Die Albert-Link-Hütte ist ganzjährig geöffnet – Montag ist Ruhetag (außer Feiertag).

Anfahrt: A8 (Ausfahrt Weyarn oder Irschenberg) nach Miesbach und auf der B307 über Hausham, Schliersee und Fischhausen-Neuhaus zur Abzweigung der Spitzingstraße über den Spitzingsattel zum großen Parkplatz bei der Kirche (gebührenpflichtig)

Aufstieg: Vom Parkplatz beträgt der Gehweg noch zehn bis fünfzehn Minuten. Man geht auf der Valepper Straße, die Hütte liegt rechts auf einer kleinen Anhöhe.

Übernachtungsmöglichkeiten: Auf der Hütte finden sich 38 Betten, 27 Matratzenlager, 4 Zweibettzimmer mit Waschbecken und ein Gruppenraum für AV-Mitglieder.

Ausgezogene Nudeln

Zutaten

750 ml Milch-Wasser gemischt

2 Packungen Trockenhefe

1 TL Zucker

1 kg Mehl

2 TL Salz

2 EL Öl

2 Eier

1 Schuss Rum

Fett zum Backen

Puderzucker

Einige EL vom Milch-Wasser-Gemisch mit der Hefe vermischen. 1 TL Zucker untermengen und 2 gehäufte EL Mehl einrühren. Wenn alles gut vermengt ist, das restliche Mehl in eine Schüssel füllen, eine Mulde hineindrücken und den Hefeteig in die Mehlmulde geben. In warmer Umgebung ca. 10 Minuten ruhen lassen, bis sich Schaum gebildet hat.

Dann Salz, Öl, Eier und Rum dazugeben. Mit dem restlichen Milch-Wasser-Gemisch zu einem weichen Teig kneten. Zugedeckt an einem warmen Platz ca. 30 Minuten gehen lassen. Esslöffelgroße Stücke auf einer bemehlten Arbeitsfläche glatt schleifen und zugedeckt erneut ca. 30 Minuten gehen lassen.

Die Teigstücke von der Mitte her ausziehen, sodass ein dicker Rand bleibt, und ins heiße Fett legen. Auf beiden Seiten goldbraun backen. Auf Küchenpapier abtropfen lassen, vor dem Servieren anzuckern und mit Preiselbeeren sowie Apfelmus servieren.

Schatzbergalm (1.800 m)
Familie Klingler
Schatzberg, Thierbach 214
A-6311 Wildschönau
Tel.: +43 5339 8835
www.schatzbergalm.net

Betriebszeiten: Im Winter Selbstbedienungsrestaurant, im Sommer mit Bedienung

Anfahrt: Von der Autobahn A12 bei Wörgl Ost oder West ausfahren und in der Stadtmitte dem Wegweiser Wildschönau folgen. Nach dem ersten Ort Niederau weiterfahren Richtung Oberau und Mühltal. Bei Mühltal links nach Auffach abbiegen und bis zur Gondelbahn Schatzberg fahren.

Aufstieg: Von der Talstation Schatzberg ist die Schatzbergalm leicht mit der Gondelbahn erreichbar – Ausstieg bei II. Sektion. Vom Tal kann man die Hütte auch in einem dreistündigen Marsch zu Fuß erwandern.

Übernachtungsmöglichkeiten: Zwei- bis Vierbettzimmer

Zimtparfait

Zutaten

5 Eigelb
125 g Zucker
½ EL Zimt
500 g Sahne
2 EL Cognac
Beerensoße (Rezept siehe Seite 129)

Die Eigelbe schaumig schlagen, danach Zucker und Zimt unterrühren. Die Sahne steif schlagen und zusammen mit dem Cognac unter die Eiermasse ziehen. Die Masse mindestens 3 Stunden ins Gefrierfach stellen.

Zum Servieren stürzen, in Scheiben schneiden und mit Beerensoße garnieren.

An ein Skihaserl

Resei,
so tapfer wias du
d' Abfahrt awipritschlt bist
und bei da großn Tanna dann
an Anker gschmissn hast:
Ma hat di einfach
gern ham müassn!
's erst Moi auf de Brettl!
Und auf da Hüttn
kocht und abgspuit
wie da Deifi –
halt naa – wiara Engerl!
Ja, deine Knödl, de ham
koane Eckn ghabt.
Genau wia du!
Von achte bis um viere
in da Früah
hab i di
oiwei lacha sehng.

Du bist a Schatz!
Und was da Erwin is,
der fade Tropf und Wedler,
der wo dir net amoi
an Stemmbogn beibracht hat:
Der is di gar net wert!
Wiari von dir
beim Poisterltanz
a ganz gschwinds Bussl
kriagt hab,
da hab i Erdbeer
auf de Lippn gspürt.

Du brauchast oan,
den wos no gar net gibt.
Wias di am Stockhang
gschmissn hat,
hab i dir nomoi gwunga,
Resei.

Hasenöhrl

Zutaten

500 g Mehl
250 g Magerquark
50 g weiche Butter
3 große Eier
3 EL Sahne
1 Prise Salz
1 l Rapsöl
Puderzucker zum Bestreuen

Aus Mehl, Magerquark, Butter, Eiern, Sahne und Salz einen geschmeidigen, aber nicht klebenden Mürbeteig herstellen – gut kneten! Den Teig 30 Minuten kühl stellen und ruhen lassen.

Den Teig ausrollen und mit einem Teigrad Dreiecke ausradeln.
Das Rapsöl in einem Topf erhitzen. Die Dreiecke schwimmend etwa 5 Minuten darin ausbacken. Anschließend abtropfen lassen und mit Puderzucker bestreuen.

Je nach Geschmack können die Hasenöhrl auch mit Kartoffelsuppe serviert werden, dann natürlich den Puderzucker weglassen.

Früher waren Hasenöhrl zur Erntezeit ein Hauptgericht.

Südwiener Hütte (1.802 m)
Agy Schramm
Gnadenalm 40
A-5561 Untertauern
Tel. Hütte: +43 664 3436342
Tel. Tal: +43 664 3436342
www.bergfexx.at

Betriebszeiten: Von Mai bis November und von Dezember bis April durchgehend geöffnet. Die Winteröffnungszeiten sind von der Schneelage abhängig – Dienstag Ruhetag.

Parkplatz: Vordergnadenalm/Hintergnadenalm

Anfahrt: Auf der A10 Tauernautobahn bis Ausfahrt Ennstal. Weiter auf der B99 nach Radstadt. Auf dieser weiter südwärts Richtung Obertauern. Bei der Gnadenbrücke (zwischen Unter- und Obertauern) auf der schmalen Straße zur Vordergnadenalm (Parkplatz, Loipe).

Übernachtungsmöglichkeiten:
25 Betten, 24 Matratzenlager, 6 Notlager

Schokoladenkuchen

Zutaten

250 g Zucker

250 g weiche Butter

5 Eier

1 Päckchen Vanillezucker

400 g Mehl

1 Päckchen Backpulver

100 g Kakaopulver

1 Schuss Rum

1 TL Butter

2 EL Semmelbrösel

Den Backofen auf 150 °C vorheizen.

Den Zucker mit der weichen Butter schaumig rühren, dann die Eier und den Vanillezucker dazugeben. Alles gut verrühren und anschließend Mehl, Backpulver und Kakaopulver untermischen. Mit 1 Schuss Rum ergänzen. Sollte der Teig noch zu fest sein, etwas Milch hinzufügen.

Eine Gugelhupfform ausbuttern und mit Semmelbröseln ausstreuen. Den Teig in die Form füllen und im Backofen ca. 1 Stunde und 15 Minuten backen.

Schokonusskuchen

Zutaten

1 Becher Kakaopulver

1 Becher Sauerrahm

1 Becher Zucker

1 Becher Mehl

1 Becher geriebene Nüsse (je nach Geschmack Mandeln oder Haselnüsse)

½ Becher Öl

½ Päckchen Backpulver

3 Eier

Dieser Kuchen besticht durch seine einfache Zubereitung. Man benötigt keine Waage, die Zutaten werden mit einem Becher gemessen, der 250 g fasst.

Zuerst den Backofen auf 150 °C vorheizen.
Von Kakaopulver, Sauerrahm, Zucker, Mehl und geriebenen Nüssen je 1 Becher in eine Schüssel geben. ½ Becher Öl, Backpulver und Eier dazugeben und alle Zutaten gut vermischen.

Eine Gugelhupfform ausbuttern, mit Semmelbröseln ausstreuen und mit dem Teig befüllen. Die Form kommt für 1 Stunde und 15 Minuten in den Ofen.

Vielen Dank an Sabine für dieses schöne Rezept!

Käsekuchen ohne Boden

Zutaten

125 g weiche Butter

200 g Zucker

3 Eier

1 Päckchen Vanillezucker

1 Päckchen Backpulver

1 Päckchen Vanillepudding-Pulver

2 EL Mehl

1 Prise Salz

1 kg Magerquark

250 g Sahne

1 TL Butter

2 EL Semmelbrösel

Den Backofen auf 150 °C vorheizen.

Butter, Zucker und Eier gut miteinander verrühren. Danach Vanillezucker, Backpulver, Puddingpulver, Mehl und Salz untermischen. Zuletzt Quark und Sahne dazugeben.

Eine Springform ausbuttern und mit den Semmelbröseln ausstreuen. Den Teig in die Form füllen und 1 Stunde backen.

Der Kuchen ist fertig, wenn die Oberseite schön gelb ist.

Rüblikuchen

Zutaten

6 Eier

250 g Zucker

250 g Karotten

2 EL Zitronensaft

2 EL Rum

250 g gemahlene Mandeln

100 g Mehl

1 Päckchen Backpulver

1 Päckchen Vanillezucker

1 Prise Salz

1 TL Butter

2 EL Semmelbrösel

Den Backofen auf 150 °C vorheizen.

Die Eier trennen und die Eigelbe mit dem Zucker schaumig schlagen. Die Karotten reiben. Die Eigelb-Zucker-Masse mit den geriebenen Karotten, Zitronensaft, Rum, Mandeln, Mehl, Backpulver, Vanillezucker und einer Prise Salz gut verrühren. Dann das Eiweiß steif schlagen und unter die Masse heben.

Eine Springform gut ausbuttern und mit Semmelbröseln ausstreuen. Den Kuchen ca. 1 Stunde und 15 Minuten backen.

Eierlikörkuchen

Zutaten

200 g Butter

5 Eier

200 g Zucker

2 EL Kakaopulver

200 g gemahlene Haselnüsse

500 g Sahne

1 Päckchen Vanillezucker

250 ml Eierlikör

Den Backofen auf 180 °C vorheizen.

Die Butter schaumig schlagen. Die Eier trennen und die Eigelbe zusammen mit dem Zucker, dem Kakaopulver und der Butter rühren, bis die Masse schaumig ist. Die Eiweiße steif schlagen und zusammen mit den Haselnüssen unter die übrige Masse heben. In eine Springform füllen und 25–30 Minuten backen.

Für die Füllung die Sahne steif schlagen und mit dem Vanillezucker vermengen.

Den Boden nach dem Backen erkalten lassen und mit der Sahne bestreichen. Zuletzt mit Eierlikör bedecken.

Wildbichlalm (1.140 m)
Christiane Anker
D-83229 Aschau-Sachrang
Tel Hütte: +43 664 5403205

Betriebszeiten: Von Ende Dezember bis Ende Oktober geöffnet, Montag und Dienstag Ruhetag

Anfahrt: Mit dem Zug fährt man nach Aschau im Chiemgau und von dort mit dem Bus nach Sachrang. Von Sachrang folgt ein knapp einstündiger Fußmarsch zum Ritzgraben. Mit dem Auto auf der Autobahn A8 entweder die Ausfahrten Frasdorf oder Bernau am Chiemsee nehmen. Von dort weiter bis Aschau und über Sachrang nach Gränzing. In Gränzing weiter Richtung Wildbichlalm und auf den beschilderten Weg zum Wanderparkplatz am Ritzgraben.

Aufstieg: Der Aufstieg beginnt beim Parkplatz am Ritzgraben. Von dort kann man der beschilderten Almstraße zur Wildbichlalm folgen – Gehzeit beträgt etwa 1 Stunde. Die Almstraße führt direkt bis zur Wildbichlalm.

Apfelkuchen

Zutaten

125 g Zucker

125 g weiche Butter

3 Eier

200 g Mehl

1 ½ Päckchen Backpulver

1 TL Butter

2 EL Semmelbrösel

4 große Äpfel

Den Backofen auf 150 °C vorheizen.

Den Zucker und die weiche Butter schaumig schlagen. Die Eier dazugeben, dann Mehl und Backpulver unterrühren.

Die Backform gut ausbuttern, mit Bröseln ausstreuen und den Teig einfüllen.

Jetzt die Äpfel schälen, in Viertel schneiden, der Länge nach einritzen und in den Teig drücken.

Den Kuchen ca. 1 Stunde und 15 Minuten backen.

Englischer Kuchen

Zutaten

200 g Zucker

300 g weiche Butter

4 Eier

350 g Mehl

½ Päckchen Backpulver

100 g Zitronat

100 g Orangeat

100 g Belegkirschen

4 EL Sultaninen

125 ml Rum

1 TL Butter

2 EL Semmelbrösel

Den Backofen auf 150 °C vorheizen.

Zucker, Butter und Eier schaumig rühren. Anschließend Mehl und Backpulver dazugeben. Die Früchte in Rum einweichen, bis sie bedeckt sind, und mindestens ½ Stunde ziehen lassen. Anschließend gut unter die Teigmasse mischen.

Eine gut gebutterte Form mit Bröseln ausstreuen und den Teig einfüllen. Den Kuchen 1 Stunde und 15 Minuten backen.

Der Englische Kuchen ist besonders gut haltbar und bleibt sehr saftig.

Dampfnudl

Da Pompadour
ihre Knia
ham nia
a Sonna dawischt.
Drum warn s' so weiß,
wia wann d' Muadda
Dampfnudl auftisch.

De Knia warn amoi
an Ludwig XV.
sei ganze Freid.
Aber awimampfa

hat er s' hoit
doch net kinna,
wia mir
d' Dampfnudl heit.

Da König Ludwig XV.
war gar mächtig
und erlaucht.
Mir aber essn
jedn Freitag
Pompadour-Knia,
in Vanillsoß eitaucht.

Ameisenkuchen

Zutaten

4 Eier
180 g Zucker
125 ml Milch
125 ml Öl
250 g Mehl
1 Päckchen Backpulver
1 EL Schokoladenstreusel
1 TL Butter
2 EL Semmelbrösel

Den Backofen auf 175 °C vorheizen.

Die Eier trennen und die Eigelbe mit Zucker schaumig rühren. Das Eiweiß steif schlagen.

Langsam die Milch und das Öl unter das Eigelb rühren, dann Mehl, Backpulver, Schokoladenstreusel und den Eischnee unterheben.

Eine Backform ausbuttern und mit Semmelbröseln ausstreuen. Die Teigmasse einfüllen und ca. 1 Stunde und 15 Minuten backen.

Scheiterhaufen

Zutaten

600 g Zwetschgen

200 g Zucker

1 TL Zimt

2 TL gemahlener Anis

6 Eier

Saft und Schale von 1 Zitrone

2 Päckchen Vanillezucker

100 g Sahne

125 ml Milch

200 g Weißbrot

30 g Butter

1 Prise Salz

Den Backofen auf 180 °C vorheizen.

Die Zwetschgen halbieren und mit 30 g Zucker, Zimt und Anis vermischen. 3 Eier trennen und die Schale der Zitrone reiben. Die 3 Eigelbe mit den 3 restlichen Eiern, Zitronenschale, Vanillezucker, 30 g Zucker, Sahne und Milch verrühren. Das Weißbrot in Scheiben schneiden und die Brotscheiben nacheinander in der angerührten Mischung einweichen.

Die Form ausbuttern. Abwechselnd Brotscheiben und Zwetschgen in die Form schichten und die übrige Eier-Sahne-Masse darübergießen. Auf der unteren Schiene 25 Minuten backen.

Die 3 Eiweiß mit 1 Prise Salz steif schlagen – dabei 140 g Zucker einrieseln lassen und 1 TL Zitronensaft unterrühren.

Den Scheiterhaufen aus dem Ofen nehmen und 5 Minuten abkühlen lassen. Jetzt die Baisermasse wolkenartig darüber verteilen und nochmals 20 Minuten bei 180 °C goldbraun backen.

Beerensoße

Zutaten

250 g gemischte Beeren
(frisch oder TK)
500 ml Trauben- oder Johannisbeersaft
1 Spritzer Zitronensaft
1 Schuss Marillenschnaps
80 g brauner Zucker

Beeren, Saft, Zitronensaft, Marillenschnaps und Zucker zusammen in einen Topf geben. Alles aufkochen lassen. Den Herd abschalten und die Beerensoße abkühlen lassen. Je nach Vorliebe kann man sie auch pürieren.

Beerensoße ist eine wunderbare Ergänzung zu Strudeln, Eis oder anderen Süßspeisen.

Hollerkiacherl

Zutaten

2 Eier
150 g Mehl
1 Prise Salz
250 ml Bier
10 Hollerblütendolden
500 g Butterschmalz
Puderzucker zum Bestreuen

Zuerst die Eier trennen. Aus den Eigelben, Mehl, Salz und Bier einen dickflüssigen Teig anrühren. Das Eiweiß zu Schnee schlagen und unterheben.

Die Hollerblüten waschen und abtropfen lassen. Das Butterschmalz in einem Topf erhitzen. Die Hollerblüten im Teig wenden und im Butterschmalz schwimmend ein paar Minuten ausbacken. Auf Küchenpapier abtropfen lassen und mit Puderzucker bestreuen.

Rote Grütze

Zutaten

600 g gemischte Beeren (frisch oder TK)

500 ml Trauben- oder Johannisbeersaft

130 g brauner Zucker

1 Schuss Obstler

50 g Speisestärke

Die Beeren mit einem Großteil des Safts, Zucker und Obstler in einen Topf füllen und aufkochen. Die Speisestärke mit restlichem Saft glatt rühren und zu den anderen Zutaten in den Topf geben. Alles nochmals aufkochen lassen.

In eine Schüssel umfüllen und 3–4 Stunden kalt stellen.

Ein wunderbares Sommergericht – dazu passen sehr gut Eis oder flüssige Sahne.

Kaiserschmarrn

Aus kloanste Verhältnisse stamma,
aber jede Woch an Kaiserschmarrn essn.

Semmelschmarrn

Zutaten

8 Semmeln vom Vortag

4 Eier

1 Prise Salz

500 ml Milch

1 EL Butterschmalz

Die Semmeln in Scheiben oder größere Würfel schneiden. Eier mit Salz und Milch gut verschlagen, darübergießen und 1 Stunde durchziehen lassen.

Das Butterschmalz in einer Pfanne zerlassen und die Semmelmasse unter häufigem Wenden bei mittlerer Temperatur goldgelb backen.

Nach Belieben mit etwas Zucker bestreuen und anrichten.

Der Schmarrn schmeckt auch sehr gut mit Salatbeilage – dann natürlich ohne Zucker!

Im Gamsrevier

Lusti wohl auf in da Früah,
auffi auf d' Berg da steign mir!
D' Lerchal de singan scho,
d' Gamsal de springan scho
drobn im Felsnrevier!

Senndrin, geh koch uns an Schmarrn,
tua in dein Pfanndl rumscharrn!
Du hast ja Milli gnua

von deiner Millikuah,
brauchst aa koan Butta net sparn!

Führt a kloans Steigal durch d' Wand,
hock ma am Gipfel beinand
und sehng de Alma weit
und hörn as Almageläut
gibt uns as Hoamatl d' Hand.

GETRÄNKE

Mit wenigen Zutaten zubereitet, versüßen einem
die Getränke heiße und kalte Tage. So wie der
Wildfruchtlikör – das Rezept auf Seite 138.

Hollerblütensirup

Zutaten

30 Hollerblüten

3 unbehandelte Zitronen

50 g Weinsäure (aus der Apotheke)

2 kg Zucker

3 l kochendes Wasser

Die Blüten mit den in Scheiben geschnittenen Zitronen in einen großen Eimer füllen. Weinsäure und Zucker dazugeben und alles mit dem kochenden Wasser übergießen. 2 Tage ziehen lassen und immer wieder umrühren. Nach den 2 Tagen den Sirup abseihen und aufkochen lassen. Danach wird der Hollersirup in Flaschen abgefüllt.

Tipp: Der Hollersirup kann je nach Jahreszeit unterschiedlich getrunken werden. Im Sommer schmeckt er sehr gut mit kaltem Wasser, Sekt oder auch Bier. Im Winter kann man den Sirup auch heiß trinken.

Lärchenschnaps

Zutaten

2 l Korn

5 oder mehr junge Lärchentriebe

5 EL brauner Zucker

Saft von ½ Zitrone

Korn, Lärchentriebe, Zucker und Zitronensaft zusammenmischen.

Alles in einer großen Glasflasche ansetzen und 6 Wochen an einem sonnigen Platz stehen lassen.
Nach dieser Zeit abseihen und in Flaschen füllen.

Punsch

Zutaten

1 l Schwarztee

6 Orangen

2 Zitronen

2 l Rotwein

250 g Zucker (ev. brauner Zucker)

500 ml Rum

Den Schwarztee aufsetzen.

Orangen und Zitronen pressen und den Saft mit Rotwein und Zucker in einen Topf geben. Den durchgezogenen Tee dazugießen und alles aufkochen.

Zuletzt den Rum hinzufügen.

Wildfruchtlikör

Zutaten

500 g Wildfrüchte (z. B. Holunderbeeren, Brombeeren, Himbeeren, Erdbeeren, Blaubeeren, Preiselbeeren, Schlehen, Berberitzen, Vogelbeeren, Dirndl usw.)

250–500 g brauner Kandiszucker je nach gewünschter Süße

5 Nelken

3 Zimtstangen

1 aufgeschnittene Vanilleschote

1 l Korn

Beeren, Zucker und Gewürze in ein großes Glas geben, mit 1 l Korn aufgießen und verschließen. Das Glas ab und zu schütteln. Das Glas an einen warmen, hellen Platz stellen und ca. 6–8 Wochen reifen lassen, bis der Zucker sich aufgelöst hat. Danach durch ein feines Sieb filtern und in Flaschen abfüllen. 2 Wochen nachreifen lassen.

Wildfruchtliköre schmecken ausgezeichnet zu Prosecco, über Eis, Fruchtsalat, Pfannkuchen und vielem mehr.

Spitzwegerich-Likör

Zutaten

3 Hand voll frische Spitzwegerich-
blätter
500 g brauner Zucker oder Kristall-
zucker

Die Blätter in ein weites Glas geben, mit dem Zucker bedecken, verschließen und an einen sonnigen Platz stellen. Nach ca. 8 Wochen ist der Sirup fertig und kann abgeseiht und in dunkle Flaschen gefüllt werden.

Dieser Sirup ist sehr wohltuend bei Husten und Erkältungskrankheiten. Bitte kühl lagern.

Unkrautlikör

Zutaten

500 g Wildkräuter (z. B. Giersch, Brennnessel-Samen, Gundelrebe, Vogelmiere, Spitz- oder Breitwegerich, Löwenzahn, Weidenröschen, Frauenmantel, Labkraut, Veilchen, Schafgarbe, Quendel, Kamille, Gänsefingerkraut, Rotklee, Taubennessel, Kümmel, Dost, Fenchel oder Kalmus)
250–500 g brauner Kandiszucker je nach gewünschter Süße
5 Nelken
3 Zimtstangen
1 aufgeschnittene Vanilleschote
1 l Korn

Kräuter, Zucker und Gewürze in ein großes Glas geben, mit dem Korn aufgießen, verschließen und ab und zu schütteln. Das Glas soll an einem warmen hellen Platz stehen. Es dauert ca. 6–8 Wochen, bis sich der Zucker aufgelöst hat.

Danach durch ein feines Sieb filtern, in Flaschen abfüllen und weitere 2 Wochen nachreifen lassen.

Wildkrautlikör kann gleich verwendet werden wie Wildfruchtlikör.

Dieses Getränk hat eine entgiftende, entschlackende, blutreinigende Wirkung.

GLOSSAR

Dank der Autorin:

Ein besonderer Dank geht an meine Mama Annemie und unsere
Hüttenfee Steffi vom Kaffee „Sonnenschein" in München.

Bildnachweis:

Baumgart, Karina – Fotolia.com: S. 137
Förg, Klaus G.: S. 58, 114, 117, 118, 124
Kuprijanova, Viktorija – Fotolia.com: S. 134–135
Piepenstock, Jan: S. 88, 89
Rolle, Reinhard: S. 2, 77
Wanninger, Ann-Sophie: S. 4, 8–9, 12, 15, 16, 21, 23, 27, 28, 30, 33, 34–36, 41, 42, 47, 52,
54, 62, 68–70, 73, 78, 84, 87, 90, 93, 96, 99, 100–101, 103, 105, 110, 123, 126, 131, 132
Wöhrl, Richard: S. 45
Alle anderen Fotos stammen von den Hüttenwirten und -wirtinnen oder wurden
uns von den jeweiligen Alpenvereinen zur Verfügung gestellt.

Das Bild auf Seite 2 zeigt das Wildseeloderhaus.

Alle Gedichte in diesem Buch stammen von Herbert Schneider, München.

2., durchgesehene und ergänzte Auflage
© 2013 Rosenheimer Verlagshaus GmbH & Co. KG, Rosenheim
www.rosenheimer.com

Titelfotos: Klaus G. Förg, Rosenheim und Ann-Sophie Wanninger, München
Lektorat: Tanja Frei, Puchheim
Satz und Layout: SF-Design GmbH - Stefan Felder | Design, Konzeption & Text, Rosenheim
Bildbearbeitung: Photodesign Richard Wöhrl, Rosenheim
Druck und Bindung: Printer Trento S.r.l.
Printed in Italy

ISBN 978-3-475-54194-0